T0209093

essentials

essentials liefern aktuelles Wissen in konzentrierter Form. Die Essenz dessen, worauf es als „State-of-the-Art" in der gegenwärtigen Fachdiskussion oder in der Praxis ankommt. *essentials* informieren schnell, unkompliziert und verständlich

- als Einführung in ein aktuelles Thema aus Ihrem Fachgebiet
- als Einstieg in ein für Sie noch unbekanntes Themenfeld
- als Einblick, um zum Thema mitreden zu können

Die Bücher in elektronischer und gedruckter Form bringen das Expertenwissen von Springer-Fachautoren kompakt zur Darstellung. Sie sind besonders für die Nutzung als eBook auf Tablet-PCs, eBook-Readern und Smartphones geeignet. *essentials:* Wissensbausteine aus den Wirtschafts-, Sozial- und Geisteswissenschaften, aus Technik und Naturwissenschaften sowie aus Medizin, Psychologie und Gesundheitsberufen. Von renommierten Autoren aller Springer-Verlagsmarken.

Weitere Bände in der Reihe http://www.springer.com/series/13088

Volker Völzke

Patienten mit Gedächtnisstörungen

Eine Einführung für Psychotherapeutinnen und -therapeuten

Volker Völzke
Leitung Therapie, Psychologie &
Neuropsychologie
VAMED Klinik Hattingen
Hattingen, Deutschland

ISSN 2197-6708   ISSN 2197-6716   (electronic)
essentials
ISBN 978-3-658-29819-7   ISBN 978-3-658-29820-3   (eBook)
https://doi.org/10.1007/978-3-658-29820-3

Die Deutsche Nationalbibliothek verzeichnet diese Publikation in der Deutschen Nationalbiblio-
grafie; detaillierte bibliografische Daten sind im Internet über http://dnb.d-nb.de abrufbar.

Planung/Lektorat: Heiko Sawczuk
Springer ist ein Imprint der eingetragenen Gesellschaft Springer Fachmedien Wiesbaden GmbH
und ist ein Teil von Springer Nature.
Die Anschrift der Gesellschaft ist: Abraham-Lincoln-Str. 46, 65189 Wiesbaden, Germany

Was Sie in diesem *essential* finden können

- Fundierte Informationen, wie Lernen und Gedächtnis funktioniert
- Verständliches Wissen, wo im Gehirn Lernen und Gedächtnis repräsentiert sind
- Klar beschriebene Krankheitsbilder, die Gedächtnisstörungen hervorrufen
- Konkrete Anleitungen, wie Diagnostik und Therapie der Störungen funktioniert
- Praxisorientierte Empfehlungen, wie Psychotherapie mit Betroffenen umgesetzt werden kann

Vorwort

Bei Fortbildungen für Psychotherapeuten speziell, aber auch bei anderen Gruppen wird immer wieder eine Frage gestellt: Was mache ich mit Patienten mit kognitiven Einbußen und speziell Lern- und Gedächtnisstörungen? Wie modifiziere ich meine Therapie, sodass sie wirkt?

Psychotherapeuten berichten: „Eigentlich möchte ich kognitive Verhaltenstherapie oder analytische Therapie anbieten, aber der Betroffene vergisst immer wieder besprochene Aspekte und die Hausaufgaben. Nicht selten bricht der Therapeut oder der Betroffene die Therapie ab. Ich nehme solche Patienten ungern, weil ich einige Aspekte gar nicht einschätzen kann."

Welche Diagnostik und welche Hilfsmittel gibt es und was bedeuten die Gedächtnisdefizite für die Therapie und Beratung? Kann ich überhaupt eine Psychotherapie mit Menschen mit Gedächtnisstörungen durchführen? Andererseits sind auch immer mehr Personen in Psychotherapie, die Angehörige pflegen. Wie kann ich diese fachlich qualifiziert unterstützen und beraten? In der Arbeit mit Betroffenen wird deutlich, wie zentral unser Gedächtnis ist. Das *essential* möchte praxisorientierte Antworten geben auf diese drängenden Fragen.

Volker Völzke

Danksagung

Ich danke meinen universitären Lehrern Prof. Dr. G. Ettlinger (Universität Bielefeld) und Prof. Dr. W. Hartje (RWTH Aachen) und meinen klinischen Chefärzten Prof. Dr. W. Ischebeck und Dr. A. Petershofer (Hattingen) und natürlich allen ehemaligen und aktuellen Kolleginnen und Kollegen aller Disziplinen für viele Jahre Inspiration, Motivation, Unterstützung und Wertschätzung. Herrn Dr. Petershofer, PD Dr. Sparing und vielen Kolleginnen und Kollegen danke ich für die hilfreiche Anmerkungen und Korrektur des Manuskripts. Meine besondere Wertschätzung gilt den vielen Betroffenen, die mich vom Zivildienst bis in die klinische Tätigkeit begleitet haben.

Inhaltsverzeichnis

Einführung

Gedächtnis und **Lernen** bzw. Erinnern gehören begrifflich und im Alltag zusammen. Lernen bezeichnet den Erwerb von Wissen und Fertigkeiten, Erinnern den Abruf von Faktenwissen oder Episoden (retrospektiv), aber auch von zu erledigenden Dingen (prospektiv). Es ist kein Abrufen von einer „Festplatte", sondern ein immer wieder neuer „re-konstruktiver" Prozess. Der Abruf selber verändert den Inhalt und ist selbst bei Gesunden relativ einfach manipulierbar.

Weiterhin gehört das **Wiedererkennen** von Orten, Gesichtern oder Gegenständen zu unserem Lebensalltag. Wege könnten wir ohne diese Fertigkeit nicht wiederfinden oder Personen in einer Gruppe identifizieren. Soziales Miteinander wäre ohne Gedächtnis völlig anders.

Daher wird Lernen und Gedächtnis auch in der International Classification of Functions and Disabilties (ICF) der WHO als wichtiger Aspekt der Körperfunktionen, Teilhabe und Aktivität angeführt. Umweltfaktoren (Familienunterstützung, Berufszugehörigkeit etc.) und personenbezogen Faktoren (individuelle Verarbeitungsmechanismen von Erlebnissen und Erkrankungen, psychische Vorerkrankungen etc.) bilden positive oder negative Einflussvariablen auf Gedächtnisleistungen (s. Abb. 1.1).

Lernen und Gedächtnis (Hildebrandt 2019; Finauer und Keller 2019) beruhen auf neuronalen Prozessen im zentralen Nervensystem. Zentrum ist das ca. 1,5 kg schwere Gehirn mit der Hirnoberfläche (Cortex; Abb. 1.2 und 1.3) und darunterliegenden Strukturen. Zum Cortex gehören vier Hirnlappen (Lobi). Hinzu kommen das Kleinhirn und subkortikale Strukturen und ein Übergang zum Rückenmark. Wahrscheinlich finden Lernprozesse aber auch in anderen Körperregionen statt (u. a. im vegetativen Nervensystem im Bauchraum „Darmhirn" etc.).

© Springer Fachmedien Wiesbaden GmbH, ein Teil von Springer Nature 2020
V. Völzke, *Patienten mit Gedächtnisstörungen,* essentials,
https://doi.org/10.1007/978-3-658-29820-3_1

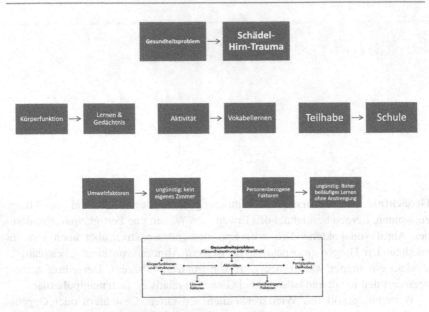

Abb. 1.1 Umsetzung des ICF-Modells bei Gedächtnisstörungen

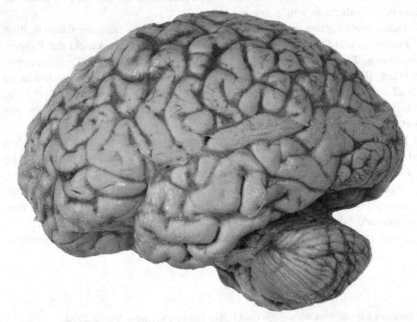

Abb. 1.2 Lateralansicht des menschlichen Gehirns von links. Die Hirnhäute sind teilweise Präparationsbedingt entfernt. (Quelle: Huggenberger 2019)

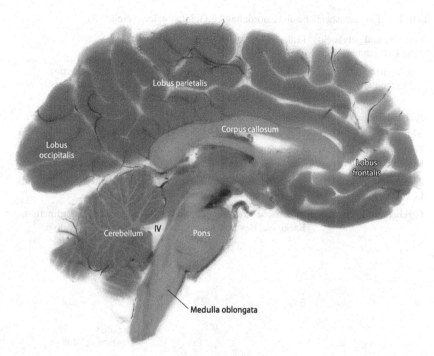

Abb. 1.3 Seitliches Plastinationspräparat des menschlichen Gehirns. (Quelle: Huggenberger 2019)

Dem Cortex mit den Hirnlappen (lat. Lobi), subkortikalen Strukturen und dem Kleinhirn werden bestimmte Funktionen zugeordnet (s. Tab. 1.1). Die Zuordnung basiert auf Patientenstudien mit Hirnverletzungen (Läsionen) und auf Ergebnissen der funktionellen Bildgebung (u. a. funktionelle Kernspinuntersuchungen).

Das Gehirn benötigt zum Funktionieren zwingend Sauerstoff und Nährstoffe, die über die Blutbahn ins Gehirn transportiert werden. Daher sind Störungen der Blutversorgung (s. u.) auch für die Entstehung von Lern- und Gedächtnisstörungen und anderen Störungen extrem bedeutsam. Die Blutversorgung des Gehirns erfolgt durch vier Arterien (s. Abb. 1.4), die paarig angelegt sind (jeweils Arteria carotis und Arteria vertebralis). Die Zuflüsse sind an der Hirnbasis ringförmig miteinander verbunden (Circulus Willisii). Diese anatomische Anordnung limitiert die Auswirkungen einzelner Verschlüsse.

▶   Lernen und Gedächtnis beruhen auf neuronalen Grundlagen und sind
    auf eine adäquate Blut- und Sauerstoffversorgung angewiesen.

Tab. 1.1 Funktionsbereiche und Zuordnung zu Gehirnarealen (vereinfacht)

Bereiche und gebräuchliche Bezeichnungen	Links	Rechts
Frontalhirn, Stirnhirn, Lobus frontalis	Sprachlicher Abruf, Verhaltenssteuerung, Exekutive incl. Lernstrategie, Sprechen, Arbeitsgedächtnis	Verhaltenssteuerung, Exekutive incl. Lernstrategie, Sprechen
Parietalhirn, Scheitellappen, Lobus parietalis	Sprachverständnis, räumliche Orientierung, Awareness-System	Räumliche Orientierung, Awareness-System,
Temporalhirn, Schläfenlappen, Lobus temporalis	Benennen, sprachliches Gedächtnis	Räumliche Orientierung, figurales Gedächtnis
Okzipitalhirn, Sehrinde, Lobus occipitalis	Sehen (rechtes Gesichtsfeld)	Sehen (linkes Gesichtsfeld)
Cerebellum, Kleinhirn	Motorische Koordination, Sprechen, Exekutive, Bewegungslernen	Motorische Koordination, Sprechen, Exekutive, Bewegungslernen

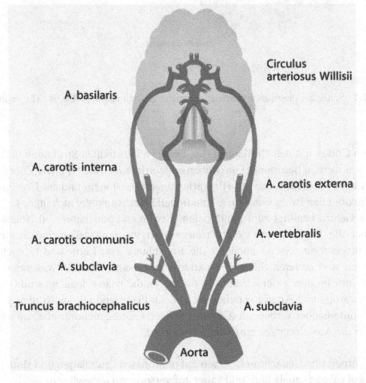

Abb. 1.4 Schematische Darstellung von Aortenbogen und Hauptarterien des Gehirns. (Quelle: **Peter Ringleb, Roland Veltkamp, Stefan Schwab, Martin Bendszus, S. 184,** in Hacke 2016)

Gedächtnisfunktionen und -systeme 2

In den unterschiedlichen Systemen der Allgemeinen Psychologie, der Bio- oder Neuropsychologie (u. a. Hildebrandt 2019; Winson et al. 2017) werden wesentliche Elemente des Gedächtnisses und Lernens definiert und spezifiziert. Unterschieden werden im etablierten Drei-Komponenten-Modell (s. Tab. 2.1) die zeitlichen Dimensionen Ultrakurzzeit-, Kurzzeit- und Langzeitgedächtnis. Ergänzend wird oft das Arbeitsgedächtnis erwähnt.

Das Arbeitsgedächtnis wird einerseits dem Kurzzeitgedächtnis zugeordnet, aber andererseits häufig eher den exekutiven Funktionsbereichen zugeordnet (Planen & Problemlösen). Im Arbeitsgedächtnis werden verbale oder figurale Informationen (Materialspezifität) gehalten und manipuliert (Fokussieren der kognitiven Kapazitäten auf einen Bereich u. a. beim Lesen und Rechnen).

Die anderen Gedächtnis-Komponenten haben unterschiedliche Dauer, Kapazität und Bedeutung. Vereinfacht lösen unterschiedliche Neurotransmitter (u. a. Dopamin) eine elektro-chemische Reizweiterleitung aus. Die zu lernenden Informationen durchlaufen einen zeitlichen Prozess.

Als **Materialspezifika** werden **prozedurales** Lernen (Bewegungen etc.), **figurales** Lernen (Orte, Zeichnungen etc.) und **verbales** Lernen (Worte für…etc.) und das **episodische** Lernen (Erinnern an Ereignisse, Quellengedächtnis etc.) unterschieden.

Eine Sonderform ist das **Priming**. Bestehende Gedächtnisinformationen werden durch einen auftauchenden Reiz (Worte, Bilder, Geräusche etc.) so aktiviert, dass nachfolgende Informationen schneller erkannt und verarbeitet werden können. Dadurch können wir Situationen schneller einschätzen. Es wird eine Bereitschaft, unbewusste Erwartung oder Wachsamkeit erzeugt. Basis sind die primären sensorischen Areale (Sehen, Hören, Spüren) im Cortex. Sie werden durch „Lernen" auf ähnliche Situationen in der Zukunft vorbereitet.

© Springer Fachmedien Wiesbaden GmbH, ein Teil von Springer Nature 2020
V. Völzke, *Patienten mit Gedächtnisstörungen,* essentials,
https://doi.org/10.1007/978-3-658-29820-3_2

Tab. 2.1 Gedächtnisfunktionen, -komponenten und -eigenschaften

Bereich	Zeitdauer	Kapazität	Grundlagen & Prozesse	Bedeutung
Ultra-Kurz-zeit-Speicher/ sensorischer Speicher; ikonischer Speicher, sensorisches Register	Millisekunden	Hoch	Sinnesorgane	Unmittelbare Entscheidungen
Kurzzeit-speicher	Sekunden bis Minuten	7 ± 2 Ein-heiten	Erregungskreise; Veränderung der synaptischen Übertragung	Entscheidungen
Arbeitsgedächt-nis	Sekunden bis Minuten	Begrenzt (s. o.)	Erregungskreise in frontalen und parietalen Arealen; phonologische Schleife links, visuell räum-licher Notizblock rechts, Verbindung zum Langzeit-speicher mittels episodischem Buffer, Rolle der zentralen Exekutive	„Bearbeitung" von Informationen & Manipulation; hält Informationen „online"
Langzeit-speicher „Bibliothek"	Informationen, die länger als wenige Minuten behalten werden; Lebenslange Informationen	„Unbegrenzt"	Anatomische Ver-änderungen vor allem im Hippo-campus & Kortex	Wissensabruf (explizit, teil-weise auch implizit), Episoden (Wo was geschah?) und Können (implizit)

Oft werden auch noch **explizite** und **implizite** Lern- und Gedächtnis-prozesse (s. Tab. 2.2) unterschieden. Erstere sind vereinfacht „bewusst" und implizites Lernen erfolgt eher „unbewusst". Wir merken insbesondere in sozialen Situationen mit intensiver Interaktion gar nicht, dass wir lernen. Explizit bedeutet manchmal auch **deklarativ** und beinhaltet „Wissen". Dieses Wissen kann verbalisiert werden. Implizit bedeutet auch nicht-deklarativ, bezieht sich auf das „Können" und kann weniger gut verbalisiert werden (u. a. emotionales Lernen). Unsere Gedächtnisinformationen werden frei, zum Teil nach Hinweisreizen erinnert oder wiedererkannt.

Das **Langzeitgedächtnis** ermöglicht es uns im Alltag auch trotz Veränderungen Personen, Orte und Gegenstände wiederzuerkennen und beinhaltet die zeitliche Einordnung von Episoden (Was war zuerst?) bzw. Orten von Episoden (anatomisch relevant ist der Praecunaeus).

Als **Lernprozesse** (s. Tab. 2.2) werden u. a. die Habituation, das klassische Konditionieren, das instrumentelle Konditionieren und das Lernen am Modell

Tab. 2.2 Lernpsychologische Prinzipien

Lernen	Prozess	Bedeutung im Alltag
Habituation, Gewöhnung	Eine automatische Reaktion erfolgt bei Wiederholung nicht mehr	Reduktion von Ängsten; Gewöhnung (reduzierte Reaktion) an Luftzug, Lärm, Licht etc.
Sensitivieren, „Empfindlicherwerden"	Eine automatische Reaktion erfolgt noch schneller oder früher	Ängste; verstärkte Reaktion auf einen externen Reiz (Geräusch, Bild, Luftzug etc.)
Klassisches Konditionieren	Ein ursprünglich neutraler Stimulus wird durch Koppelung zu einem Auslösestimulus	Ein Reiz bekommt eine neue Bedeutung; Entstehung von Ängsten
Instrumentelles Konditionieren	Lernen durch Erfolg/ Belohnung oder Bestrafung	Multiple Verhaltensweisen (Vermeidung) und Kognitionen
Lernen am Modell	Lernen durch Beobachtung bzw. Nachahmung	Multiple Verhaltensweise und Kognitionen (Einstellungen)
Lernen durch Wiederholung	Verbesserung der Abspeicherung	Schulisches Lernen, wiederholte Erlebnisse
Lernen durch Verbesserung der Verarbeitungstiefe	Verbesserung der Abspeicherung	Schulisches Lernen, Lernen in Studium und Beruf
Lernen durch Strategie	Verbesserung der Abspeicherung	Schulisches Lernen, Lernen in Studium und Beruf

unterschieden. Weiterhin gibt es **prozedurales** Lernen und ein entsprechendes Gedächtnis. Plakativ ist das Beispiel des Fahrradfahrens oder das Öffnen einer Flasche mit Drehverschluss. Einmal erlernt, können wir diese Kompetenz in der Regel ohne lange nachzudenken abrufen.

Teilweise werden diese Prozesse durch **Beobachtung** erlernt oder verbessert (Bewegungsabläufe beim Sport etc.) Im weitesten Sinne kann man die Apraxie (Störung des Handlungsabrufs nach Hirnschädigung) als eine Störung des Abrufs prozeduraler Informationen interpretieren. Die anatomische Basis für Bewegung liegt für die Intention im präfrontalen Cortex und für das prozedurale Lernen im motorischen Cortex, in den Basalganglien und im Kleinhirn. Gerade beim prozeduralen Lernen spielen Wiederholungen eine bedeutende Rolle, um Bewegungen zu optimieren (u. a. Aufschlag beim Tennis).

Das **Körpergedächtnis** ermöglicht es uns auch, Empfindungen zu erinnern und vorzustellen (Berührungen etc.). Pathologisch führt es aber auch zu „Phantomschmerz" nach Amputationen oder sonstige Schmerzen verselb-ständigen sich („Schmerzgedächtnis"), ohne dass der ursprüngliche Auslöser noch vorhanden sein muss. Neben kortikalen und subkortikalen Prozessen sind auch physiologische Veränderungen auf Rückenmarksebene relevant.

Gewohnheiten und **Routinen** (Geldbörse in der obersten Schublade etc.) helfen uns, im Alltag zurecht zu kommen, „sparen" kognitive Ressourcen und wir müssen uns nicht jedes Mal neu erinnern, bewerten und entscheiden. Letztend-lich sind auch Süchte Produkte von Lernen und Gewohnheitsbildung und werden durch Belohnung, unmittelbare Stressreduktion und physiologische Veränderung etabliert.

Das **prospektive Gedächtnis** ermöglicht es uns, Dinge in der Zukunft (zu einem bestimmten Zeitpunkt) erfolgreich zu bewältigen. Plakative Beispiele sind das Wechsel der Autoreifen im Frühjahr und Herbst oder das Erinnern an mitzu-bringende Materialien (Papiere, Präsentationen) bei einem beruflichen Termin.

Das **Vergessen** von zu erledigen Dingen (Hausaufgaben, Einkäufe etc.), ist wahrscheinlich dasjenige, was wir häufig meinen, wenn wir sagen, dass wir ver-gesslich sind (Tab. 2.3).

Vergessen kann im Alltag helfen, indem wir unangenehme Erlebnisse (Streitigkeiten etc.) aus unserem aktuellen Gedächtnis eliminieren bzw. nicht mehr präsent haben und reduziert die Belastungen des Gedächtnissystems.

▶   Lernen, Gedächtnis und Vergessen können in unterschiedliche Prozesse und Strukturen differenziert werden.

Tab. 2.3 Vergessen und verwandte Prozesse

Prozess	Grundlage	Bedeutung
Spurenzerfall	Biochemischer Prozess	Wissensverlust („Last in, first out")
Retroaktive Interferenz	Später Erlerntes stört früher Erlerntes	Schulisches und berufliches Lernen
Proaktive Interferenz	Früher Erlerntes stört später Erlerntes	Schulisches und berufliches Lernen
Vergessenskurve	Starkes Vergessen zu einem frühen Zeitpunkt nach dem Lernprozess	Schulisches und berufliches Lernen
Sog. „Permastore" (Analogie der auftauenden Erde)	Biochemischer Prozess	Wissensverlust („Last in, first out")
Falsche Erinnerungen	Erinnern ist immer ein rekonstruktiver Prozess und störanfällig	Erinnern an Episoden (Fehlattribution)
s. o.	Manipulation durch alternative Inhalte und Verzerrung durch aktuelle Einstellungen, Bewertungen und Gefühle	Erinnern an Episoden

Lernen und Gedächtnis als zeitlicher Prozess 3

Initial leiten die **Sinnesorgane** Informationen an die primären **Informations-zentren** im Gehirn. Für das Sehen ist das nach der Umschaltung in einem Bereich der Thalami (Corpi geniculatum laterali) der **Okzipitallappen** (s. o.) und für das Hören nach einer weiteren Umschaltung im Bereich der Thalami die sogenannte **Heschl´sche Querwindung** (Gyri temporales transversi; Area 41) in der Tiefe des Temporallappens relevant. Diese wiederum leiten sie weiter an den Kortex und spezielle Zentren (auch subkortikal).

Parallel werden diese Informationen hinsichtlich Relevanz und emotionaler Bedeutung bewertet. Informationen, die nicht ausreichend intensiv wahrgenommen werden, können auch nicht behalten werden. Ganz zu Beginn des Prozesses spielen unsere **Interessen** und **Neugier** und damit verbundene **Aufmerksamkeitsaspekte** eine bedeutsame Rolle. Wachsamkeit, Wachheit (Alertness), die selektive, geteilte und die räumliche Aufmerksamkeit limitieren unsere kognitive Kapazität beim Lernen (ähnlich einem Flaschenhals). Diese Informationen werden intentional oder automatisch strukturiert, assoziiert (d. h. mit Bekanntem oder Ähnlichem) ver-knüpft, in der Regel versprachlicht oder visualisiert.

Neuroanatomische Grundlagen von Lernen und Gedächtnis
Die **Sinnesorgane** sind die initialen Instanzen des Lernens (s. o.). Verletzungen limitieren Lernen. Hörstörungen führen beispielsweise häufig zu scheinbaren kognitiven Defiziten, sind aber auch ein Risikofaktor für die Entstehung von kognitiven Defiziten durch mangelnde Stimulation und Isolation.

Der **Thalamus** bzw. die Thalami sind paarig angelegt und Umschaltstationen für Informationen aus den Sinnesorganen zum Kortex. Verletzungen entstehen häufig nach Infarkten oder Gehirnblutungen.

Die **Basalganglien** sind ebenfalls paarig angelegt und liegen subkortikal. Zu ihnen gehören Caudatus (oft aktivierend) Putamen und Pallidum. Putamen und

© Springer Fachmedien Wiesbaden GmbH, ein Teil von Springer Nature 2020
V. Völzke, *Patienten mit Gedächtnisstörungen,* essentials,
https://doi.org/10.1007/978-3-658-29820-3_3

Pallidum werden gemeinsam als Striatum bezeichnet. Dem Striatum (oft hemmend) wird auch die Substantia nigra zugeordnet. Diese Kerne und Strukturen werden durch Fasermassen voneinander abgegrenzt (Capsula interna). Bei allen Lernprozessen und auch vielen motorischen Prozessen spielen diese Bereiche eine Rolle. Die Basalganglien erleiden häufig Schädigungen im Rahmen von Infarkten. Weiterhin können sie bei degenerativen Prozessen (u. a. Dopaminmangel) betroffen sein.

Das **Kleinhirn** ist eine wichtige Teilinstanz des motorischen und prozeduralen Lernens. Schädigungen entstehen bei Infarkten, aber auch bei degenerativen Prozessen. Weiterhin sind die Kleinhirnareale Teil eines Netzwerkes, welches exekutive Aufgaben und das Sprechen bearbeitet.

Die **Hippocampi** (ähnlich einem liegenden Seepferdchen) sind zentral paarig angelegt. Wahrscheinlich laufen alle Lernprozesse über die Hippocampi. Läsionen dieser Struktur führen zu schwergradigen Lern- und Gedächtnisstörungen. Besonders deutlich wird die Bedeutung nach Operationen in diesem Bereich (u. a. Epilepsiechirurgie), bei der zerebralen Hypoxie und bei entzündlichen Prozessen (Enzephalitis).

Der **Kortex (Cortex)** mit seinen unterschiedlichen Arealen speichert Wissen und episodische Informationen. Verletzungen des Kortex können nach diversen Erkrankungen entstehen (Traumen, Infarkte, Operationen, Degeneration etc.). Insbesondere Verletzungen im **Temporalhirn** führen zu direkten Gedächtnisstörungen, während Verletzungen im Frontalhirn zu sekundären Gedächtnisdefiziten führen (keine ausreichende Aufmerksamkeit und Strategie).

Das explizite Gedächtnis wird oft mit dem basalen **Vorderhirn** (Nucleus basalis) als Teil des Frontalhirns assoziiert. Das **limbische** System ist für emotionale Aspekte des Lernens und Gedächtnisses zuständig. Der **Papezkreis** (Konzept über die Verbindung von Hippocampus, Mamillarkörper, Gyrus cinguli) oder der **fronto-thalamische Kreis** sind weitere kortikale bzw. subkortikale Strukturen, die bei Lernen und Gedächtnis extrem bedeutsam sind.

Der linke Papez-Kreis ist für die Speicherung von Episoden und Fakten und der rechte für die Speicherung von räumlichen Zuständen zuständig (u. a. die räumliche Beziehung von Gegenständen zueinander). **Leitungsbahnen,** wie der Tractus uncinatus, der das basale Vorderhirn mit dem Temporalhirn verbindet, werden u. a. bei Subarachnoidalblutungen aus der Arteria communicans anterior (sog. AcoA-Syndrom) verletzt.

▶   Lernen und Gedächtnis kann zeitlich differenziert und neuroanatomisch zugeordnet werden.

Lernen und Gedächtnis über die Lebensspanne

4

Die Entwicklungspsychologie kennt sensible Phasen (u. a. gekennzeichnet durch Reifungsprozesse) und **Entwicklungsaufgaben** für alle Altersstufen bis ins Greisenalter. Die Entwicklungsaufgaben (u. a. Erlernen von Rechnen und Schreiben, Zusammenleben als Paar) beziehen sich auf kognitiv-affektive und soziale Entwicklungsschritte (Oerter und Montada 2008; Lohaus und Vierhaus 2019; Lidzba et al. 2019) (Tab. 4.1).

An Episoden der frühen Kindheit können sich Erwachsene später in der Regel nicht erinnern (**„kindliche Amnesie"**). Die noch nicht abgeschlossene Hirnreifung (Hippocampus-Fornix-Verbindung) ist vermutlich die Ursache. Oft setzen Erinnerungen in der Kindergartenzeit ein, oder es werden lediglich sehr bedeutsame Episoden erinnert. Die Erinnerungen sind aber extrem anfällig für **Verzerrung** (Rekonstruktion).

Gerade bei Kindern und Jugendlichen mit erworbenen Hirnschädigungen (Lidzba et al. 2019) werden die eigentlich bestehenden **Entwicklungsaufgaben** nicht oder zeitlich deutlich verzögert bewältigt. Das Phänomen wird in der Entwicklungsneuropsychologie als **„growing into the deficit"** bezeichnet. Der Mythos des deutlich plastischeren kindlichen Gehirns wird damit deutlich relativiert. Konkret bedeutet es, dass kurz nach einen Unfall (o. ä. Ereignis) noch knapp durchschnittliche Leistungen im Lernen und Gedächtnis (oder in anderen kognitiven Bereichen) bestehen können, nach wenigen Jahren, aber ein Leistungsdefizit besteht. Lern- und Gedächtnisstörungen begleiten insbesondere Kinder und Jugendliche über einen jahrzehntelangen Zeitraum. Als Betroffene kennen sie teilweise keine Phasen der unbeeinträchtigten Entwicklung.

▶ Lern- und Gedächtnisleistungen entwickeln sich über die Lebensspanne und Defizite führen zu unterschiedlichen Auswirkungen. Die Auswirkungen sind oft chronisch.

© Springer Fachmedien Wiesbaden GmbH, ein Teil von Springer Nature 2020
V. Völzke, *Patienten mit Gedächtnisstörungen,* essentials,
https://doi.org/10.1007/978-3-658-29820-3_4

Tab. 4.1 Lernen und Gedächtnis über die Lebensspanne (vereinfacht)

Altersbereich	Lernen und Entwicklung	Untersuchungs-methoden	Bedeutung von Lern- und Gedächt-nisstörungen für die Teilhabe
Säuglinge & Kleinkinder	Multimodal; nicht-deklaratives Gedächtnis vorhanden; Erinnern teilweise über Tage	Experimentell (Dauer der Fixation etc.) & Entwicklungsskalen; große Variabilität der Entwicklung	Entwicklungsver-zögerung; Leben in der Kernfamilie; Früh-förderung
Kleinkind- & Vorschulalter	Multimodal (incl. Sprache); autobio-grafisches Gedächtnis; gutes Wiedererkennen ab dem 4. Lebensjahr; Merkspanne mit 3 bis 4 Items	Entwicklungsskalen und -tests; große Variabilität der Ent-wicklung	Entwicklungsver-zögerung; Leben in der Kernfamilie; Früh-förderung
Grundschul-alter	Kulturtechniken, soziale Verhaltensweisen (Still-sitzen, Arbeit in der Gruppe etc.); Merk-spanne 4 bis 6 Items; verbales und figurales Lernen verbessern sich	Entwicklungstests mit Gedächtnisaufgaben; große Variabilität der Entwicklung; Schulleistungstests; spezielle Gedächtnis-tests (u. a. VLMT)	Beschulung: Inklusion oder Förderschule; Nachteilsausgleich; Leben in der Kern-familie
Jugendalter	Etablierung der Kultur-techniken; soziale Verhaltensweisen (u. a. Beziehungen); Reflektieren biografischer Erinnerungen	Spezielle Gedächtnis-tests (u. a. VLMT)	Beschulung: Inklusion oder Förderschule; Nachteilsausgleich; Leben in der Kern-familie; Veränderung der Perspektiven; Entwicklung der Auto-nomie fraglich
Junges Erwachsenen-alter	Schulabschluss und Berufsfindung; Beziehungen	Spezielle Gedächt-nistests	Förderung, Nachteils-ausgleich; Berufsfindung und -erprobung; Klärung der Lebenssituation (Wohngruppe, Kern-familie?); Weiter-entwicklung der Autonomie fraglich

(Fortsetzung)

Tab. 4.1   (Fortsetzung)

Altersbereich	Lernen und Entwicklung	Untersuchungs methoden	Bedeutung von Lern- und Gedächtnisstörungen für die Teilhabe
Erwachsenenalter	Beruf & Familie	Spezielle Gedächtnistests	Berufsfindung und -erprobung; Klärung der Lebenssituation (Wohngruppe, Kernfamilie)
Höheres Erwachsenenalter	Beruf & Familie; Planung Ruhestand	Spezielle Gedächtnistests	Klärung der beruflichen Perspektive; Lebenssituation
Hohes Alter	Ruhestand & Lebensabend	Spezielle Gedächtnistests	Klärung der Lebensperspektive (Heim, Kernfamilie)

Faktoren, die Lernen und Gedächtnis negativ beeinflussen

5

Im Alltag können vielfältige Faktoren die Lern- und Gedächtnisleistungen negativ beeinflussen. In der Arbeit mit Betroffenen werden diese überprüft.

Checkliste 1: Einflussfaktoren auf Lernen und Gedächtnis

- **Flüssigkeitsmangel** (geringere Sauerstoffversorgung über das Blut; chronischer Flüssigkeitsmangel begünstigt die Entwicklung kognitiver Defizite)
- **Schmerzen** (geringere kognitiven Ressourcen; Ablenkung; Begleitwirkung von Schmerzmitteln)
- **Blutzuckerschwankungen**
- **Infektionen** (geschwächte Menschen haben geringe Reservekapazitäten; Begleitwirkung von Antibiotika)
- **Medikamente** (Blutdruckmittel, Beta-Blocker, alle psychotropen Medikamente [u. a. Diazepam], Antiepileptika etc.)
- **Delir** (Alkoholentzugsdelir, postoperative kognitive Dysfunktionen „POCD" bis 4 Tage)
- **Multiple Operationen** (Risiko bei Patienten >60 Jahre, mit niedrigerem Bildungsniveau [geringere Reservekapazität], Schmerzpatienten, Operationen der Wirbelsäule bzw. Herzen, Identifikation von Risikopatienten)
- **Lungenerkrankungen** (u. a. COPD „chronic obstructive pulmonary disease"; Risiko: Schwere der COPD)
- Chronische oder akute **Vergiftungen** (s. u.)

© Springer Fachmedien Wiesbaden GmbH, ein Teil von Springer Nature 2020
V. Völzke, *Patienten mit Gedächtnisstörungen,* essentials,
https://doi.org/10.1007/978-3-658-29820-3_5

Psychische Störungen
Kognitive Störungen im Rahmen psychischer Störungen sind häufig (u. a. Lautenbacher und Gauggel 2010). Grundlage sind teilweise Veränderungen der **Neurotransmitter** und **psychische Faktoren,** die das Lernen und Gedächtnis verändern (sog. **Moderatorvariablen**). Hierzu gehören eine u. a. zu geringe Anstrengung, verzerrte Erwartungen und häufig dysfunktionale Arbeitsstile.

Lern- und Gedächtnisstörung bzw. Demenzverdacht bei Depression
Im Rahmen akuter **depressiver Episoden** und chronischer **Depression** (oft ältere Betroffene) zeigen sich mittelgradige Einschränkungen der Lernfähigkeit (Beblo und Lautenbacher 2006). In der testpsychologischen Diagnostik zeigen sich Störungen insbesondere im verzögerten Abruf und verzögertem Wiedererkennen, aber auch eine reduzierte Lernkurve und Störungen durch Interferenz (gegenseitige Hemmung der Informationen). Unstrukturiertes Material wird besonders schlecht erlernt. Im Alltag profitieren Betroffene von Strukturgebung und Lernstrategien. Die Merkspannen und das einfache Arbeitsgedächtnis (Zahlennachsprechen rückwärts) sind teilweise kaum beeinträchtigt.

Klinisch stellt sich die Frage einer Differenzierung von Demenz oder Depression (Pseudodemenz). Bei einer **Pseudodemenz** sind die Betroffenen im Vergleich in der Regel jünger, klagen massiver über die Defizite, sind ansonsten im Verhalten eher adynam und zurückhaltend, zeigen überhaupt Schuldgefühle, oft ein Morgentief und auch Versagensängste. Hochrelevant ist weiterhin, dass die Selbsteinschätzung der Betroffenen mit Pseudodemenz in der Regel deutlich schlechter ist, als die konkrete Testleistung. Weiterhin geht die Untersuchungsinitiierung (Arztbesuch, Testung) bei „echten" Demenzpatienten in der Regel von den Angehörigen und selten vom Betroffenen aus. Der Demenzpatient zeigt in der Regel eine Fehleinschätzung (engl. Unawareness) für die Defizite.

Eine chronische Veränderung der Stimmungslage (Trauer etc.) führt insbesondere im höheren Lebensalter zu einer Verschlechterung der Lern- und Gedächtnisleistungen im weiteren Lebensverlauf.

Lern- und Gedächtnisstörung bei Psychosen (u. a. Thoma 2019)
In akuten Phasen sind alle kognitiven Prozesse schwer beeinträchtigt. Im Schwerpunkt betroffen sind das verbale Lernen und das deklarative Gedächtnis. Vermutlich sind Dysregulationsprozesse im dopaminergen System relevant. In chronischen Phasen zeigen sich zum einen Defizite aufgrund der weiteren Veränderungen im System der Neurotransmitter und Defizite aufgrund der neuroleptischen Medikation. Je nach Chronizität der Psychose sind die Lern- und Gedächtnisdefizite mehr oder weniger reversibel (Exner und Lincoln 2012).

Lern- und Gedächtnisstörungen bei Magersucht (Anorexie)
Im Rahmen schwerer Anorexie kann es zu massiven und teilweise nicht reversiblen Lern- und Gedächtnisstörungen kommen. Durch die Elektrolytveränderungen, die als Folge des pathologischen Essverhaltens auftreten, kommt es zu Störungen bei Neurotransmittern (Noradrenalin und Serotonin) und auch Veränderungen der Hirnmorphologie.

Lern- und Gedächtnisstörungen bei THC-Konsum
Durch die hohe Konzentration von THC in Cannabispflanzen kommt es zu stärkerer akuter Wirkung (Halluzinationen etc.) aber auch zu länger anhaltenden kognitiven Störungen (u. a. Arbeitsgedächtnis). Kinder und Jugendliche sind besonders gefährdet.

▶   Lern- und Gedächtnisdefizite gibt es Folge physiologischer Störungen und im Rahmen psychischer Störungen (physiologische Veränderungen und Moderatorvariablen).

Erworbene Hirnschädigungen

6

Mittelgradige und schwere Lern- und Gedächtnisstörungen resultieren in der Regel aus erworbenen Hirnschädigungen (s. u.) oder aus einem degenerativen Prozess (s. Kap. 7. Demenzformen).

Schlaganfall

Durch einen Verschluss einer Arterie **(Insult, Infarkt)** sterben die nachgeordneten Versorgungsareale ab (s. Tab. 6.1). Je schneller die medikamentöse oder mechanische Rekanalisation des Gefäßes, desto besser ist das Outcome („Time is brain"). Alle lern- und gedächtnisrelevanten Strukturen können durch Schlaganfälle betroffen sein. Ein Baustein der Therapie ist die **Sekundärprophylaxe** mit Aufklärung zu notwendigen **Verhaltensänderungen** (Ernährung, Sport, Stress etc.) und **Medikation.**

Subarachnoidalblutung (SAB)

Traumatisch verursacht, aber häufiger im Rahmen einer **Aneurysmaruptur** (vermutlich angeborene Gefäßaussackung) strömt Blut in den Subarachnoidalraum (Hirnhäute von außen nach innen: Dura mater, Pia mater, Arachnoidea) und zerstört und verdrängt Hirngewebe. Häufig kommt es zusätzlich ausgelöst durch das Blut im Subarachnoidalraum und zeitverzögert zu Vasospasmen (d. h. krampfartigen Verengungen der Gefäße), die das Gehirn zusätzlich in seiner Funktion einschränken und auch zu einem Infarkt führen können. Ein erhöhter Hirndruck schädigt additiv.

Intrazerebrale Blutung (ICB)

Das Blut strömt („blutiger Schlaganfall") in das Hirngewebe und zerstört und verdrängt es. Die Ursache ist oft traumatisch, teilweise durch Gefäßmissbildungen bedingt, kann aber auch Ursachen im internistischen Bereich (Bluthochdruck; im Rahmen von onkologischen Erkrankungen etc.) haben.

© Springer Fachmedien Wiesbaden GmbH, ein Teil von Springer Nature 2020
V. Völzke, *Patienten mit Gedächtnisstörungen,* essentials,
https://doi.org/10.1007/978-3-658-29820-3_6

Tab. 6.1 Neuropsychologische Störungen nach Gefäßsyndromen (Schwerpunkt Lern- und Gedächtnisstörungen)

Gefäßregion	Neuropsychologie
Arteria (A.) cerebri media links	• Aphasie (Sprachverständnis & Sprachproduktion; Kommunikationsstörung) • Alexie (Leseunfähigkeit) • Agraphie (Schreibunfähigkeit) • Sprachbezogene Lern- und Gedächtnisstörungen
A. cerebri media rechts	• Raumorientierungsstörungen & figural-räumliche Gedächtnisstörungen • Häufig Anosognosie (nicht Wahrnehmen der eigenen Erkrankung)
A. cerebri anterior links	• Persönlichkeitsveränderungen mit impulsivem Verhalten und weiteren Planungsstörungen (Störungen der Exekutive) • Störungen der Aufmerksamkeit (selektive und geteilte Aufmerksamkeit) • Störungen des verbalen Lernens und Wortabrufs
A. cerebri anterior rechts	• Anosognosie (s. oben) • Störung der Aufmerksamkeit (selektive und geteilte Aufmerksamkeit) • Persönlichkeitsveränderungen mit impulsivem und desorganisiertem Verhalten & Perseverationsneigung (s. begleitende Störungen der Exekutive) • Störung des räumlichen und figuralen Lernens

Praxisbeispiel

Ein Kaufmann erleidet eine Stammganglienblutung links mit Ventrikeleinbruch. Er weist ein schweres amnestisches Syndrom und eine leichte Sprachstörung ohne Weglauftendenz auf. In der testpsychologischen Untersuchung kann eine Kurz-Geschichte nicht reproduziert werden (RBMT). Im Verlauf zeigt sich eine Steigerung von 0 auf 4 korrekte erinnerte Elemente. Im VLMT (s. u.) zeigt sich keine Lernkurve (2, 3, 5, 3, 3 korrekte Items). Nach der Entlassung profitiert der Betroffene von eindeutigen Strukturen und kann mit massiver Unterstützung sein Smartphone nutzen. Angehörige senden Informationen und Handlungsaufträge. Es zeigen sich erste Erinnerungen von Episoden. Weiterhin ist das selbständige Spazierengehen mit dem Hund möglich (identische Wege) und es ist möglich, halbe Tage allein zu Hause zu bleiben.

Die Untersuchung von Betroffenen mit **Aphasie** (erworbene Störung der vollständig erlernten Sprache; meist linkshirnige Läsion) stellt eine besondere Herausforderung dar. Voraussetzung für eine differenzielle Untersuchung ist die Überprüfung des verbalen Sprachverständnisses. Hierfür steht u. a. der **Token Test** zur Verfügung. Es werden in aufsteigender Komplexität Instruktionen gegeben und die Umsetzung bewertet (Zeigen Sie mir ein grünes Teil; Legen Sie den blauen Kreis neben das grüne Dreieck; Berühren Sie zuerst den gelben kleinen Kreis und dann das große blaue Viereck). Sehr vereinfachend können auch Aufgaben zur Satzergänzung durchgeführt werden, um das verbale Sprachverständnis einzuschätzen (Wer Hunger hat, kauft sich etwas zu...). Bei Aphasikern ist häufig auch das Lesesinnverständnis beeinträchtigt. Für die testpsychologische Untersuchung von Lernen und Gedächtnis stehen auch nonverbale Verfahren (DCS II etc.) zur Verfügung.

Hirntumor (incl. Chemobrain und Bestrahlung)
Die Lokalisation bestimmt die Symptome. Lern- und Gedächtnisstörungen zeigen sich häufig bei Tumoren im Bereich des Frontalhirns (oft Keilbeinflügelmeningeome), aber auch bei Tumoren, die die hormonale Achse betreffen (u. a. Hypophysenadenome). Maligne („bösartige") Tumoren (u. a. Astrozytome Grad IV und Glioblastome) mit Infiltration von großen Bereichen des Gehirns führen in der Regel auch zu deutlichen Lern- und Gedächtnisstörungen. Diese und schleichende Persönlichkeitsveränderungen sind häufig ein frühes Symptom der Erkrankung.

Bestrahlung und **Chemotherapie** führen weiter zu additiven und eher unspezifischen kognitiven Beeinträchtigungen (sog. Chemobrain). Neben der direkten Wirkung der Zytostatika auf den Hippocampus spielen assoziierte Schlafstörungen, hormonelle Veränderungen, die psychischen Belastungen und andere Faktoren eine bedeutsame Rolle. Nach Beendigung der Chemo-Therapie zeigen die Störungen teilweise eine Chronizität. Risikopatienten sind multimorbide ältere oder sehr geschwächte Personen. Diese Aspekte sollten unbedingt in der onkologischen und speziell psychoonkologischen Therapie berücksichtigt werden.

Gedächtnisstörung nach sonstigen Gehirn-Operationen
Die Lokalisation der Läsionen bestimmt die Symptome. **Epilepsiechirurgische Operationen** mit dem Ziele der Anfallsreduktion im Bereich des Hippocampus führen oft zu akuten, aber auch stabilen d. h. chronischen Lern- und Gedächtnisdefiziten. Weitere Operationsindikationen sind Gefäßmissbildungen (Angiome etc.).

Schädel-Hirn-Trauma (SHT)

Schädel-Hirn-Traumen gehören zu den häufigen Ursachen von Lern- und Gedächtnisstörungen im Kindes-, Jugend- und jungen Erwachsenenalter. Die Unfallmechanismen verändern sich teilweise über die Lebensspanne (Unfälle im Straßenverkehr als Fußgänger oder Fahrradfahrer, Sportunfälle, Unfälle im Haushalt etc.).

Zum einen bestimmt die Lokalisation der Verletzung (Aufschlagort „Coup"; aktiv gegen ein Hindernis oder passiv durch einen beweglichen Gegenstand) die Symptome. Andererseits gibt es **Contre-Coup-Phänomene** (gegenüber der Aufschlagstelle) und **Scherkräfte,** die auf das Gehirn wirken und Mikroläsionen bzw. Veränderungen des Hirnstoffwechsels verursachen. Bei schweren Schädelhirnverletzungen (Schweregrade I bis IV) sind Defizite beim Lernen und Gedächtnis sehr häufig. Unterschieden wird ein offenes (mit Schädelfraktur) gegenüber einem geschlossenen Schädel-Hirn-Trauma. Gerade in der Frühphase der Rehabilitation werden diese oft nicht ausreichend sichtbar und auch berücksichtigt, weil sie durch die allgemeine Schwäche und die geringe Dynamik der Betroffenen verdeckt werden.

Auch bei **leichten** SHT (Grad I; alt: Gehirnerschütterung; oft im Haushalt oder beim Sport) wird eine Schonung von mindestens einer Woche (auch Reduktion der Nutzung von elektronischen Geräten) empfohlen. Wenige Betroffene berichten und zeigen Symptome über den Zeitraum von einem Jahr hinaus. Häufige leichte Unfälle wirken additiv. Die Vermittlung einer positiven Prognose bestimmt die therapeutische Grundhaltung.

Weiterhin kommt es bei Betroffenen je nach Unfallmechanismus und Schweregrad auch zu **Anpassungsstörungen** und in schweren Fällen ggf. auch zu **posttraumatischen Belastungsreaktionen** oder -störungen (PTSD). Schwere Unfälle mit Einklemmung, Tod von Unbekannten oder Angehörigen oder Verbrechen könne diese auslösen und führen additiv zu kognitiven Störungen. In der Psychotherapie der Störung sind die kognitiven Störungen unbedingt zu berücksichtigen. Teilweise gibt es bei diesen Betroffenen keine Erinnerung an den Unfall selbst und daher auch keine belastenden Erinnerungen („Flashbacks") an diesen. Die Therapie auf der Intensivstation oder Frührehabilitation kann ebenfalls zu psychischen Belastungsfolgen führen (Erleben von Hilflosigkeit, Verlust von Intimität). Insbesondere bei Kindern und Jugendlichen zeigen sich uneinheitliche und eher diffuse Symptome der Belastungsreaktion (Unruhe, Wut etc.).

Praxisbeispiel

Eine junge Frau erleidet einen schweren Verkehrsunfall mit Polytrauma als Beifahrerin. Neben multiplen Frakturen und durch die Kopfverletzung bedingten Aufmerksamkeitsstörungen, zeigen sich auch deutliche Defizite im Arbeitsgedächtnis (Zahlennachsprechen rückwärts und im verbalen Lernen und Gedächtnis des VLMT). Das selbständige Leben gelingt nach der stationären Rehabilitation nicht mehr und die Betroffene zieht zu den Eltern zurück. Ziele existieren u. a. in der Entwicklung von individuellen privaten und ggf. beruflichen Perspektiven und Kompensation der Gedächtnisdefizite durch externe Hilfen.

Eine Gymnasiastin erleidet einen schweren Autounfall mit Politrauma. Nach der stationären Rehabilitation erfolgt die sukzessive schulische Wiedereingliederung. Mit maximaler Unterstützung der Familie und der Schule gelingt die Reintegration. Trotz sehr guter Verbesserungen zeigen sich weiterhin Defizite im verzögerten Behalten von Informationen (VLMT). Im Alltag sind insbesondere das Erlernen der Vokabeln und das Lernen von Fakten mit hohem zeitlichem Aufwand verbunden. Das Kind benötigt ausreichend Erholungsphasen.

Zerebrale Hypoxie (u. a. nach Reanimation)

Eine Sauerstoffunterversorgung über längere Zeit führt zu diffusen Schädigungen des Gehirns. Gedächtnisrelevante Strukturen (Hippocampus, Mammillarkörper etc.) scheinen neben dem Kleinhirn besonders sensitiv für diese Unterversorgung (>3 min) zu sein. Betroffene haben eine **ungünstige Prognose** hinsichtlich der Lern- und Gedächtnisleistungen. Eine langfristige stationäre Versorgung und lebenslange Unterstützungsnotwendigkeit ist eine häufige Folge.

Eine chronische, leichte Hypoxie kann beim unbehandelten **Schlafapnoe-Syndrom** zu schleichend einsetzenden Lern- und Gedächtnisstörungen zu führen.

Eine besondere Form stellt die **infantile Zerebralparese (ICP)** dar. Prä-, peri- oder postnatal kommt es zu Störungen der Sauerstoffversorgung des Gehirns der Säuglinge und zu entsprechend schwergradigen Störungen. Diese betreffen neben der Motorik auch die kognitiven Bereiche inklusive Lernen und Gedächtnis. Ein Teil der Betroffenen weist eine chronische geistige Behinderung auf. Sie sind auf möglichst früh einsetzende Förderung/Therapie und dann lebenslange Unterstützung angewiesen.

Praxisbeispiel

Ein Techniker erleidet einen Herzstillstand und wird reanimiert. In der kardio-logischen Rehabilitation fallen kognitive Defizite zwar auf, werden aber nicht diagnostiziert. Im Rahmen der beruflichen Wiedereingliederung gab es kardial keine Probleme. Der Betroffene selber bagatellisierte retrospektiv seine Schwierigkeiten im Alltag (vergessene Termine und Absprachen). Im Rahmen der beruflichen Tätigkeit passieren mehrere bedeutsame Fehler aufgrund der Gedächtnisstörungen wird er entlassen. Nach eineinhalb Jahren Arbeitslosig-keit wendet sich der Betroffene an die Ambulanz und wird erstmalig neuro-psychologisch untersucht. Differentialdiagnostisch wird auch eine Depression abgeklärt (s. u.). Testpsychologisch zeigen sich schwere Defizite im VLMT (Lernkurve) und in allen Bereichen des Arbeitsgedächtnisses.

Gehirn- oder Gehirnhautentzündungen (Enzephalitiden und Meningitiden)
Insbesondere eine **Virus-Encephalitis,** oft durch einen **Herpes-Virus** ver-ursacht, schädigt gedächtnissensitive Strukturen. Je nach Diagnostik- und Medikations-Zeitpunkt der wirksamen Medikation zeigen sich entsprechend leicht- bis schwergradige Störungen im Lernen und Gedächtnis. Weiterhin existieren auch Infektionen des Gehirns, die durch Bakterien oder Würmer ver-ursacht werden (Neurolues etc.) und unbehandelt schwere kognitive Störungen auslösen können.

Eine erst vor wenigen Jahren, aber in der Häufigkeit zunehmende Sonder-form, ist die **Anti-NMDA-Rezeptor-Encephalitis** (Autoimmunerkrankung bei der der Körper Abwehrstoffe gegen die NMDA-Rezeptoren entwickelt), die ebenfalls schwere Defizite (Gedächtnis, Persönlichkeitsveränderungen etc.) ver-ursachen kann. Antikörper blockieren die Signalübertragung im Gehirn. Häufig betroffen sind die Hippocampusregionen. Auslöser der Autoimmunerkrankung sind Infektionen oder paraneoplastische Prozesse. Neue medikamentöse Ansätze (u. a. Zytostatika) scheinen die Prognose zu verbessern.

Eine **Meningitis** ist eine Entzündung der Hirnhäute durch Bakterien und seltener Viren (u. a. FSME) kann unmittelbare schwere Defizite (u. a. Lernen und Gedächtnis) hervorrufen. Durch die verbesserten diagnostischen und therapeutischen Möglichkeiten hat sich die Prognose deutlich verbessert. Unbehandelt sterben etwa die Hälfte der Betroffenen am Hirnödem oder einer Sepsis. Langfristig sind bei einer frühen Therapie (Antibiotika bzw. Virustatika) Defizite im Lern- und Gedächtnisbereich eher selten.

Eine Kauffrau zeigt akute Verwirrtheit und wird in ein regionales Krankenhaus eingewiesen. Die erste Medikation mit einem Antivirustatikum zeigt keine Wirkung und wird ersetzt. Die Rehabilitation erfolgt wegen des schweren amnestischen Syndroms und akuter Weglauftendenz auf einer geschlossen/geschützten Station. Nach mehreren Monaten wird die Frau nach Hause, in die Obhut des Mannes entlassen. Dieser lässt sich von der Arbeit beurlauben. Die neuroleptische Medikation wird ausgeschlichen. Die Betroffene zeigt keine explizite Lern- und Gedächtnisleistung (bei intakter Merkspanne), kann aber in ihrem Alltag immer mehr Dinge mit immer weniger Anleitung wieder erledigen (Körperpflege, Frühstückmachen etc.). Der Ehemann wird hinsichtlich der Kompensation und Gestaltung der Lebensumwelt gezielt neuropsychologisch angeleitet.

Hydrocephalus und Normaldruckhydrocephalus (NDH)
Das Gehirn und Rückenmark ist innen und außen von Liquor (lat. Liquor cerebro-spinalis; Gehirn- Rückenmarks-Flüssigkeit) umspült. Dieser stabilisiert und schützt das Gehirn vor Erschütterung. Er neutralisiert die Schwerkraft. Das Gehirn schwimmt bildlich in einer Flüssigkeit. Täglich werden in speziellen Zellen mehrere hundert Milliliter neue Flüssigkeit produziert und müssen abfließen. Ansonsten droht ein schädigender Druck auf Gehirn und Rückenmark.

Durch eine Veränderung der **Liquorzirkulation** (erworbene Verengung, anatomische Variation etc.) entsteht Druck oder Unterdruck, der die Hirnfunktion schädigt. Bei länger andauernder Veränderung des Liquorabflusses kommt es zu schweren kognitiven Defiziten (chronifiziert zur Demenz) mit Schwerpunkt Lernen und Gedächtnis. Nach einer rechtzeitigen Lumbalpunktion bzw. Shuntanlage (künstlicher Abfluss) verbessern sich oft die Leistungen der Betroffenen deutlich. Akute Verbesserungen (Gehleistungen, Gedächtnisleistungen etc.) zeigen sich teilweise ca. 24 h nach einer Lumbalpunktion.

Die Therapie orientiert sich an der Chronizität und Schwere der Lern- und Gedächtnisstörungen. Bei einer frühen Therapie stehen übende Verfahren und das Vermitteln von Strategien im Vordergrund. Bei einer späten Therapie können kognitiv stimulierende Verfahren angewandt werden. Im Vordergrund stehen aber Beratung und kompensatorische Techniken (Zettel, Smartphone etc.).

▶   Bedeutsame Lern- und Gedächtnisdefizite bei Kindern, Jugendlichen und Erwachsenen sind in der Regel Folge einer erworbenen Hirnschädigung.

Demenzformen

7

Demenz ist ein schwergradiges Syndrom als Folge einer chronischen oder fort-schreitenden Krankheit des Gehirns (u. a. Förstl 2011). Zuggrunde liegt die fort-schreitende Degeneration (in der Regel eine **Atrophie**) in subkortikalen oder kortikalen Arealen. Zu einer Demenzdiagnose gehört die Bewertung der bisherigen Dauer der Probleme (über 6 Monaten). Betroffene und ihre Familien sollten sich unbedingt beraten lassen. Anlaufstellen sind die behandelnden Ärzte, Neuropsycho-logen, spezialisierte Zentren an neurologischen Kliniken und Selbsthilfegruppen.

Demenz vom Alzheimer-Typ (Morbus Alzheimer; engl. Alzheimers disease)
Diese häufigste Form der Demenz ist u. a. gekennzeichnet durch einen Zellunter-gang im Bereich des Temporallappens und des Hippocampus. Neuropathologisch lassen sich **Amyloidablagerungen** (β-Amyloid lagert sich in und an Nervenzellen ab; Amyloidplaques) und Neurofibrillen nachweisen, die Nervenzellen absterben lassen. Der langsam progrediente Verlauf führt zu schwersten kognitiven Störungen mit einer häufigen initialen Fokussierung auf Lern- und Gedächtnisstörungen. Sie führen zu massiven Beeinträchtigungen von Alltagsaktivitäten. Besonders relevant und belastend sind die in späteren Stadien vorhandenen Persönlichkeits-und Verhaltensveränderungen und die kognitiv-affektiven Begleitbeschwerden wie Depression, Schlaflosigkeit, Inkontinenz, Illusionen, Halluzinationen, Wahnvor-stellungen, plötzliche aggressive Ausbrüche und sexuelle Dysfunktionen.

Demenzscreeningverfahren (s. u.) erfassen kaum leichte Beeinträchtigungen und ersetzen keine ausführliche neuropsychologische Untersuchung. Schon früh zeigen sich im Bereich der Kognition eine erhöhte Vergessensrate über die Zeit d. h. beim verzögerten Abruf. Weiterhin gibt es Fehler beim Wieder-erkennen, Defizite im Arbeitsgedächtnis und in der kognitiven Flexibilität. Ergo-, Physio-, Sprachtherapie und eine neuropsychologische Therapie können ins-besondere in der Frühphase hilfreich sein. Nur in der frühen und mittleren Phase

© Springer Fachmedien Wiesbaden GmbH, ein Teil von Springer Nature 2020
V. Völzke, *Patienten mit Gedächtnisstörungen,* essentials,
https://doi.org/10.1007/978-3-658-29820-3_7

der Erkrankung scheinen medikamentöse Therapien (sog. Antidementiva) eine
Wirkung zu haben. Allgemein werden multidimensionale Konzepte empfohlen.
Sie weisen die höchste Evidenz auf.

Praxisbeispiel

Eine Altenpflegerin zeigt zunehmende Vergesslichkeit und wird in ein
regionales Krankenhaus eingewiesen. Dort wird eine beginnende Alzheimer-
erkrankung diagnostiziert. Die Betroffene zeigt immer geringer werdende
explizite Lern- und Gedächtnisleistung (bei intakter Merkspanne), kann
im Laufe der Zeit immer weniger Dinge erledigen (Körperpflege, Frühstückmachen etc.). Der Ehemann wird hinsichtlich der Kompensation und
Gestaltung der Lebensumwelt (angenehme Aktivitäten, Entspannung, Biografiearbeit, Reminiszenzarbeit etc.) gezielt angeleitet.

Vaskuläre Demenz (VD)
Diese Form führt durch vaskuläre Störungen (makro- wie mikrovaskulär) mit
kumulativer Wirkung mit Minderdurchblutung als Multi-Infarkt-Demenz zu pro-
gredienten Lern- und Gedächtnisstörungen. Merkmal ist die **stufenweise** Verschlechterung. Die Symptome sind je nach Läsionsort bzw. -seite sehr variabel.
Alternativ sind subkortikale Strukturen durch Durchblutungsstörungen betroffen.
Es gibt auch Mischformen von Alzheimer- und vaskulärer Demenz.
Demenzscreeningverfahren (s. u.) erfassen kaum leichte Beeinträchtigungen
und ersetzen keine ausführliche neuropsychologische Untersuchung. Betroffene
und ihre Familien sollten sich unbedingt beraten lassen. Ergo-, Physio-, Sprachtherapie und eine neuropsychologische Therapie können insbesondere in der
Frühphase hilfreich sein.

Demenz bei Morbus Parkinson (Parkinson-Disease-Demenz; PDD)
Durch eine Veränderung der Neurotransmitterkonzentration (Dopaminmangel)
in den Basalganglien (vor allem Substantia nigra) aber auch in den Riechzellen
und Nervenzellen im Darm kommt es zu Beeinträchtigungen der motorischen
Koordination (Ruhe-Tremor, Rigor, Akinese), zu einer verlangsamten
Informationsverarbeitung aber bei einem Drittel der Betroffenen zur Ausbildung
einer Demenz. Hinzu kommen in einer frühen Phase der Erkrankung häufig auch
Störungen der Exekutive (geminderte kognitive Flexibilität). Hinzu kommt oft
eine vermehrte Müdigkeit „Fatigue". In weiteren Phasen gibt es oft Unruhe und
erhebliche affektive Veränderungen (oft mit depressiven Episoden und Ängstlich-
keit). Belastend sind auch die Halluzinationen (visuell, üblicherweise komplexe,

ausgestaltete Wahrnehmung von Personen, Tieren oder Objekten) und ein para-
noider Wahn (hinsichtlich Untreue etc.). Es interagieren der primäre Krank-
heitsprozess und Nebenwirkungen der Medikation. Sehr selten entsteht ein
entsprechendes Syndrom nach Hirnverletzungen oder durch Medikamente.

In der neuropsychologischen Diagnostik zeigen sich Störungen von Lernen
und Gedächtnis (Nucleus caudatus), in der der Exekutive (Planen, Initiieren
von Handlungen, Flexibilität, Wortflüssigkeit etc.) und in der Aufmerksamkeit
(Informationsverarbeitungsgeschwindigkeit sog. „Bradyphrenie").

Demenz bei Chorea Huntington

Die sehr seltene vererbte Demenz (autosomal-dominant; Gendefekt auf Chromo-
som 4, Männer und Frauen erkranken gleichermaßen) führt nach Beginn
im vierten Lebensjahrzehnt langfristig zu schweren Lern- und Gedächtnisstörungen. Daneben sind schwere Persönlichkeitsveränderungen und motorische
Störungen (sog. Veitstanz) kennzeichnend. Patienten sterben in der Regel innerhalb von 15 Jahre nach Diagnosestellung. Symptome können zeitweise durch
Therapie (Ergo-, Physio- und Sprachtherapie) und Medikamente (Neuroleptika,
Antiparkinsonmittel, Antidepressiva etc.) gelindert werden.

Demenz bei Creutzfeld-Jakob-Krankheit

Die Creutzfeldt-Jakob Krankheit ist extrem selten und gibt es als „sporadische"
Form (d. h. ohne eindeutige Verursachung). Hinzu kommen eine erbliche
und eine durch Infektion erworbene Form. Wegen des möglichen Infektions-
charakters werden Gewebe und Körperflüssigkeiten der Betroffenen als potenziell
infektiös eingeschätzt. Eine wirksame Therapie ist nicht bekannt und die meisten
Betroffenen versterben innerhalb eines Jahres. Betroffene profitieren von Ergo-
therapie, Logopädie und Physiotherapie. Die Verhaltensauffälligkeiten werden
symptomatisch mit Psychopharmaka behandelt.

Sonstige neurologische Erkrankungen

Multiple Sklerose (MS)

Unter diesem Begriff werden heute verschiedenste Verlaufsformen erfasst. Je
nach Krankheitsbeginn und -verlauf werden Subtypen unterschieden. Den körper-
lichen und kognitiven Symptomen zugrunde liegen Entzündungen der Mark-
scheiden der Nervenzellen.

Je nach Läsionslokalisation zeigen sich dann entsprechende Defizite. Lern- und
Gedächtnisstörungen zeigen sich äußerst variabel und zeitlich sehr schwankend. Allgemeine kognitive Defizite zeigen ca. 50 bis 60 % der Betroffenen. Entsprechend ist

eine differenzierte neuropsychologische Diagnostik indiziert. Eine multidisziplinäre therapeutische Versorgung inklusive neuropsychologischer Therapie ist sinnvoll.

Im kognitiven Bereich beeinflusst auch die häufig vorhandene „Fatigue" die Lern- und Gedächtnisleistungen. Krankheitsverarbeitung, kompensatorische Ansätze und Psychoedukation (Pausenmanagement) stehen oft im Vordergrund der Therapie.

Wernicke-Korsakow-Syndrom und Wernicke Enzephalopathie

Diese Erkrankung ist durch eine schwergradige anterograde und retrograde Amnesie gekennzeichnet (Scheurich und Brokate 2009). Zeitlich geht die **Enzephalopathie** dem **Korsakow-Syndrom** voraus. Nur bei frühzeitiger Behandlung der Enzephalopathie (u. a. Alkoholabstinenz) kann ein Syndrom verhindert werden. Anatomisch zeigen sich punktförmige Einblutungen in den Gefäßwänden des Gehirns und eine massive Schädigung im Zwischenhirn, insbesondere der Mamillarkörper. Ursache sind in der Regel ein chronischer und intensiver Alkoholkonsum mit assoziiertem Thiaminmangel (Vitamin B1) bei auch sonstiger Mangelernährung.

Klinisch zeigen sich schwere Verhaltensstörungen und eine Tendenz zur **Konfabulation.** Erinnerungslücken werden mit oft unsinnigen und scheinbar frei erfundenen Inhalten gefüllt. Je nach Schwergrad der Gedächtnisstörung und assoziierten Persönlichkeitsveränderungen (Störung der Impulskontrolle, Enthemmung etc.) helfen Korrekturversuche nicht weiter. Ablenkung ist oft ein probates Mittel der Deeskalation. Häufig ist eine medikamentöse Behandlung parallel sinnvoll.

Die Beratung der Angehörigen spielt eine bedeutsame Rolle im Gesamtkonzept. Nicht selten ist eine geschlossene stationäre Versorgung notwendig.

Im klinischen Kontext kommt es häufiger zu einer Kombination von Wernicke-Korsakow-Syndrom und einem Schädel-Hirn-Trauma unter Alkohol. Bei diesen Betroffenen ist dann häufig die Therapiemotivation bzw. die Selbsteinschätzung massiv gestört. Die Prognose ist entsprechend ungünstig.

Praxisbeispiel

Ein Mann im mittleren Alter trinkt über Jahre große Mengen Alkohol, verliert seine Arbeit und seine Frau trennt sich von ihm. Es kommt zu einer Verwahrlosung, die die Ex-Frau bemerkt und eine gesetzliche Betreuung initiiert. Herr R. benötigt eine stationäre psychiatrische Langzeitbetreuung ist nur mit massiver pflegerischer Unterstützung in der Lage, seinen Alltag zu bewältigen. Herr R. zeigt eine retrograde Amnesie über Jahre und eine schwergradige anterograde Amnesie bei beeinträchtigter Merkspanne und massiven Defiziten in allen anderen Lern- und Gedächtnisbereichen. Hinzu kommen Konfabulation und schwere Störungen der Impulskontrolle, die teilweise neuroleptisch behandelt werden müssen.

Checkliste 2: Weitere zu berücksichtigende Ursachen von Lern- und Gedächtnisstörungen

- Hypothyreose und Hypoparathyreoidismus
- Vitaminmangelkrankheiten B1, B6, B12 und Folsäure
- Metabolische Enzephalopathien (Ausschluss durch klinische Diagnostik)
- Chronische Lebererkrankungen (M. Wilson, Hämochromatose, Leberzirrhose)
- Chronische Nierenerkrankungen (Dialyse-Enzephalopathie)
- Intoxikationen (Ausschluss durch klinische und Labordiagnostik)
- Industriegifte (z. B. Kohlenmonoxid, Quecksilber, Blei, Perchlorethylen)
- Elektrolytstörungen (Ausschluss durch klinische und Labordiagnostik)
- Hämatologisch bedingte Störungen (Ausschluss durch klinische und Labordiagnostik)
- Polyzythämie, Hyperlipidämie, multiples Myelom, Anämie
- Spätformen der Leukodystrophien, z. B. Zeroidlipofuszinose (Ausschluss durch klinische und Labordiagnostik)
- Cannabiskonsum (THC)

▶ Verschiedene Formen der Demenz und andere neurologische Erkrankungen verursachen häufig schwergradige und progrediente Störungen von Lernen und Gedächtnis.

Diagnostik und Assessment

8

Differentialdiagnostische Überlegungen im multidisziplinären Team stehen zu Beginn einer Therapie.

Checkliste 3: Gedächtnisdefizite (s. auch Checklisten 1 und 2)
- Anamnese (biografische Hinweise auf eine Hirnschädigung?), Fremd- anamnese und Erstsymptome
- Medikation/Drogen und körperliche Untersuchung (Dehydrierung etc.)
- Psychologische Untersuchung (Depression/individuelle Faktoren etc.) und neuropsychologische Diagnostik mit Verhaltensbeobachtung und Fremd- und Selbstbeurteilungsskalen (s. ICF; Abb. 1.1)
- Umweltfaktoren (Günstig? Ungünstig?; s. Abb. 1.1)
- Labor- und Liquordiagnostik und ggf. cerebrale Bildgebung (CT, MRT), EEG und Sonographie der gehirnversorgenden Gefäße

---

Kommunikation mit Betroffenen

In der Begrüßung und Erklärung der Vorgehensweise wird der **Anlass** der Unter- suchung erläutert („Ihre Frau macht sich Sorgen um sie"). Die Sprache wird individuell angepasst. Bei einer Sprachbarriere sind muttersprachliche Unter- sucher optimal. Die Nutzung eines Übersetzers beinhaltet deutliche Nachteile (ggf. Verzerrung der Instruktion oder unerlaubte Hilfen).

Das Befragen nach **Beschwerden (Klagen)** und deren Entwicklung (Anamnese) erfolgt frei oder mittels strukturierten Interviews mit geschlossenen oder offenen Fragen. Einige Patienten berichten von Kurzzeitgedächtnisstörungen. Sie können aktuelle d. h. zeitlich kurz zurückliegende Episoden und vor allem auch zu erledigende Dinge nicht behalten (prospektives Gedächtnis).

© Springer Fachmedien Wiesbaden GmbH, ein Teil von Springer Nature 2020
V. Völzke, *Patienten mit Gedächtnisstörungen,* essentials,
https://doi.org/10.1007/978-3-658-29820-3_8

Es werden Tests angekündigt und ohne Druck ausgeübt. Viele Betroffene fragen, ob es sich um einen „Idiotentest" handelt. Betont wird, dass die Verfahren sinnvoll sind, um einen Ansatzpunkt für eine mögliche Therapie zu erhalten und Sicherheit zu haben. Manchmal ist ein Vergleich mit einer medizinischen Blutuntersuchung oder einer Röntgenuntersuchung hilfreich. („Die Tests ermöglichen einen Vergleich mit anderen Menschen in ihrem Alter. Es geht darum, zu wissen welche Leistungen gegenwärtig gut funktionieren und welche Bereiche ggf. beeinträchtigt sind.")

Während der Untersuchung sind die **Testinstruktionen** und **-standards** zu beachten. Es kann sinnvoll sein, nur zurückhaltend Feedback zu geben und den **Beziehungsaufbau** in den Vordergrund zu stellen. Das gilt insbesondere für Schwer-Betroffene, Betroffene mit Störung der Krankheitseinsicht (Gauggel 2018) oder auch paranoide Betroffene. Insbesondere bei Betroffenen mit einer Demenz bzw. Betroffenen in der akuten oder post-akuten Phase der Erkrankung bzw. Rehabilitation ist der Beziehungsaufbau hoch relevant. Defizite dürfen parallel keinesfalls bagatellisiert werden. Die Kommunikation ist individuell angepasst, wertschätzend, ausreichend langsam und adaptiert ausführlich. Wichtig ist, dass dem Betroffenen keine Schuldgefühle suggeriert werden.

Testpsychologische Diagnoseinstrumente
In der Auswahl in Tab. 8.1 wurden rein **computergestützte** Verfahren nicht berücksichtigt. Diese sind in der Regel Teil eines Testsystems und erfordern spezielle Hard- und Softwarekomponenten. Weiterhin wurde der Schwerpunkt auf häufig verwendete und relativ neu normierte oder sehr etablierte Verfahren der klinischen Praxis gelegt. Eher **experimentelle** Verfahren, **Einschätzungsskalen, Altgedächtnistests** und autobiografische Testverfahren wurden **nicht** berücksichtigt.

Es gibt spezielle Aufgaben für Kinder und Jugendliche. Der VLMT, die Rey-Osterrieth-Figur, der DCS I bzw. II wurden schon beschrieben. Oft sind Lern- und Gedächtnistests in allgemeinen Testbatterien integriert (s. Tab. 8.2).

Screening-Verfahren sind populär und einfach verfügbar. Sie dürfen nur für die entsprechend normierte Altersgruppe verwendet werden. Sie ersetzen **keine** ausführliche neuropsychologische Untersuchung (Tab. 8.3).

Tab. 8.1 Gedächtnistests für Erwachsene (Auswahl)

Name	Normierung und Dauer	Beschreibung	Hinweis
Rivermead Behavioral Memory Test (RBMT I) in der deutschen Version (Beckers et al. 1992)	Normierung ab 20 bis 90 Jahren; keine Bildungsnormen; Dauer bis 30 min	9 Untertests (u. a. Textreproduktion) mit unterschiedlichen Aufgaben in fester Reihenfolge mit hohem Alltagsbezug.	Test zur Erfassung episodischer und prospektiver Gedächtnisfunktionen (differenzierte Erfassung schwergradiger Störungen)
Verbaler Gedächtnistest Bielefelder Kategorielle Wortliste (Hartje et al. 2012)	Normierung ab 21 bis 79 Jahren. Dauer mit Delay bis 50 min	Erlernen einer Wortliste mit 15 Items und Oberbegriff; Abfrage frei oder mit Abrufhilfe	Abrufhilfen reduzieren die Belastung der Betroffenen
Verbaler Lern- und Merkfähigkeitstest (VLMT) von Helmstaedter et al. (2001)	Normierung von 6 bis 79 Jahren; keine Bildungs- oder Geschlechternormen; Dauer mit Delay ca. 60 min; diverse Parallelformen	Erlernen einer Wortliste mit 15 Items, Ablenkungsliste und verzögerte Abfrage und Wiedererkennen	Geeignet zur Erfassung auch leichtgradiger Defizite
California Verbaler Lern- und Merkfähigkeitstest (CVLT) dt. von Niemann et al. (2008)	Normierung von 20 bis 60 Jahren; Daten für drei Schulabschlüsse und Männer und Frauen; Dauer mit Delay 60 min; zwei Parallelformen	Erlernen einer Wortliste mit 16 Items, Ablenkungsliste und verzögerte Abfrage mit und ohne Hinweisreize und Wiedererkennen	Geeignet zur Erfassung auch leichter Defizite; Ergänzende Erfassung vom Nutzen durch Kategorisierungen (Küchengeräte, Fische etc.)
Lern- und Gedächtnistest III (LGT III) von Bäumler (1974)	Normierung ab 16 bis 35 Jahren. Normen für Gymnasiasten, Abiturienten und Menschen mit Hochschulabschluss; Dauer 45 min; Zwei Parallelformen	6 Lernaufgaben und dann Abfrage. Auswertung von figuralem und verbalem Lernen und ein Gesamtwert	Geeignet zur Erfassung auch leichtgradiger Defizite bei Menschen mit höherem Bildungsabschluss; ausreichende Lesefähigkeit notwendig

(Fortsetzung)

Tab. 8.1 (Fortsetzung)

Name	Normierung und Dauer	Beschreibung	Hinweis
Wechsler Gedächtnis Test (WMS-R IV) in der deutschen Version von Lepach und Peter- mann (2012)	Normierung von 16 bis 90 Jahren; Dauer mit Delay 75 min	13 Untertests (Erfassung unter- schiedlicher Gedächtnisarten und Abrufmodalitäten)	Geeignet zur Erfassung mittel- gradiger Defizite
CERAD (Consortium to Establish a Registry for Alzheimer's Disease) Neuro- psychologische Testbatterie (CERAD-NP) der Altersmedizin der Universität Basel	Normierungsstichprobe im Durchschnitt 69 Jahre	Diverse Untertests: Mini Mental Status Examination, Wortliste (Lernen, Abrufen, Wieder- erkennen); Figuren (Abzeichnen, Abrufen) und Plus-Tests.	Testbatterie zur Erfassung kognitiver Defizite im Alter (u. a. dementielle Prozesse). Frei verfügbar für Fachpersonal
Verbaler & Nonverbaler Lerntest (VLT und NVLT) von Sturm und Willmes (1999)	Normierung von 18 bis 76 Jahren; Dauer jeweils ca. 15 min	Lernphase und dann Wieder- kennen von sinnfreien Worten und sinnfreien Figuren	Spezielle Verfahren zur Erfassung verbaler und non- verbaler Lernstörungen mit sinnfreien Stimuli (Wieder- erkennen)
Diagnosticum für Cerebralschädigung – II (DCS-II) nach F. Hillers (Weidlich et al. 2011)	Normen von 5 bis 88 Jahren; Dauer ca. 30 min	Lernphase von 9 Figuren aus 5 geraden Strichen und dann freier Abruf (Nachkonstruieren mit Holzstäben)	Verfahren zur Erfassung nonverbaler Lernstörungen; vorsichtige Interpretation bei parallel vorhandenen räumlich- konstruktiven Störungen

(Fortsetzung)

Tab. 8.1 (Fortsetzung)

Name	Normierung und Dauer	Beschreibung	Hinweis
Rey-Osterrieth-Figur (Meyers & Meyers, ??) oder Parallelformen als Gedächtnisaufgabe (Complex Figure Test)	Eine Normierung ist (in englischsprachigen Neuropsychologie-Kompendien) von Lezak et al. (2012) oder Strauss et al. (2006) verfügbar. Normen ab 4 bzw. 15 Jahren bis 60; Dauer 10 min und dann Zeitverzögerung	Lernphase (Kopieraufgabe) und dann freier Abruf unmittelbar (3 min) oder nach Zeitverzögerung (je nach Normierung)	Verfahren zur Erfassung nonverbaler Lernstörungen; vorsichtige Interpretation bei parallel vorhandenen räumlich-konstruktiven Störungen
Gedächtnisaufgaben (Merkfähigkeit) im Intelligenz Struktur Test (IST 2000-R; Liepmann et al. 2007)	Normen ab 15 bis 60 Jahren. Vergleich von Gymnasiasten und Nicht-Gymnasiasten	Merkfähigkeitsaufgabe: verbal (Wörter/Oberbegriffe einprägen und zeitverzögert auswählen) und figural (Erlernen figuraler Paare und dann Wiedererkennen einer passenden Figur)	Einbettung in den IST 2000-R
Wortlisten, Figurentest und Bildertest aus dem Nürnberger Altersinventar (NAI; Oswald und Fleischmann 1999)	Normen ab 55 bis 95 Jahren	Lernen einer Liste von 8 Substantiven (Lernkurve) und dann zeitlich verzögertes Wiedererkennen. Kurzzeitige Darbietung von 12 Figuren und unmittelbares Wiedererkennen aus einer Auswahl. Kurzzeitdarbietung von 7 Strichzeichnungen und freie verbale Wiedergabe	Einbettung in das NAI

(Fortsetzung)

Tab. 8.1 (Fortsetzung)

Name	Normierung und Dauer	Beschreibung	Hinweis
Visueller Assoziationstest (VAT; Lindeboom und Schmand 2003)	Normierung Form A bis 65 und Form B bis 84 Jahren	Darbietung von ungewöhnlichen visuellen Paaren (rauchender Fisch etc.). Verbaler Abruf der fehlenden Komponente im Pflichtdurchgang. Dauer ca. 20 min	Bewertung der Assoziationsfähigkeit und deren Lernnutzen von Betroffenen
Neuropsychological Assessment Battery (NAB) von Petermann et al. (2016)	Modul Screening und Modul Gedächtnis; Normierung ab 18 bis über 85 Jahre; Dauer zwischen 20 und 45 min	Diverse Untertests	Aktuelle Modifikation und Normierung bewährter Ansätze
Wechsler Intelligenztest für Erwachsenen (WAIS-IV) von Petermann et al. (2012) mit den Gedächtnis-Untertests	Normierung von 16 bis 89; 11 Jahren. Auswertung der Gesamtwerte in Wertpunkten oder Auswertung der maximal reproduzierten Items (s. u.). Daten aus der Normierungsstichprobe im Handbuch und viele internationale Normen	Zahlennachsprechen vorwärts (Merkspanne), Zahlennachsprechen rückwärts (Arbeitsgedächtnis) und Zahlennachsprechen sequentiell (Arbeitsgedächtnis) Buchstaben-Zahlen-Folgen (Arbeitsgedächtnis): Mentales Sortieren von Buchstaben und Zahlen	Häufig verwendetes Verfahren (Teil in mehreren Testbatterien); Erfasst das Arbeitsgedächtnis; Menschen mit Bildungseinschränkungen zeigen gedächtnisunabhängige Defizite
Block-Tapping-Test (Schellig 1997)	Normierung der Merkspanne ab 15 Jahren	Messung der visuell räumlichen Merkspanne und Arbeitsgedächtnis	Betroffene mit Sehstörungen oder Gesichtsfelddefekten zeigen entsprechend damit verbundene Unsicherheiten

Tab. 8.2 Gedächtnistests für Kinder und Jugendliche (Auswahl)

Name	Normierung und Dauer	Beschreibung	Hinweis
Kaufman Assessment Battery for Children (K-ABC II; deutsche Ausgabe von Melchers und Melchers 2015)	Normierung der Untertests von 3 bis 18 Jahren (unterschiedlich je nach Untertest)	Zahlen nachsprechen, Wortreihe und Handbewegungen (Sequentiell/Kurzzeitgedächtnis). Hinzu kommen die Aufgaben Atlantis und Symbole mit verzögertem Abruf (Lernen, Langzeitspeicher)	Orientiert sich am Modell von Luria
Wechsler Intelligence Scale for Children – Fifth Edition (WISC-V) von Petermann et al. (2015)	Untertests von 3 bis 14 Jahren	Zahlennachsprechen und Buchstaben-Zahlenfolgen (s. o.)	
Battery for Assessment in Children – Merk- und Lernfähigkeitstest für 6- bis 16-Jährige von Lepach und Petermann (2008)	Normen von 6 bis 16; 11 Jahren	Diverse Tests: Muster Lernen (ML) Wörter Lernen (WL) Räumliches Positionieren (RP) Zahlenfolgen (ZF) Muster Lernen Delay (MLD) Farbfolgen (FF) Wörter Lernen Delay (WLD) Geräuschfolgen (GF)	

Tab. 8.3 Screening-Verfahren und Tests für spezielle Gruppen

Name	Normierung und Dauer	Beschreibung	Hinweis
Mini-Mental-State Examination (MMSE; original Folstein et al. 1975)	Normen ohne Altersbezug	Lernen von 3 Worten; verzögerte freie Abfrage.	Frei im Internet oder bei Pharmafirmen verfügbar. Als initialer Kurztest geeignet. In andere Aufgaben integriert
DemTect Calabrese et al. (2009)	Normierung von 40 bis 59 und über 60 Jahren	Wortliste mit 10 Items hören und wiederholen; Zahlenfolgen rückwärts wiederholen (Arbeitsgedächtnis); Wortliste nochmals wiederholen. Auswertung eines Gesamtwertes	Frei im Internet oder bei Pharmafirmen verfügbar. Als initialer Kurztest geeignet. In andere Aufgaben integriert
Montreal Cognitive Assessment (MOCA)	Normen u. a. unter www.memoryclinic.ch	Wortliste aus 5 Items zweimal vorlesen und zeitverzögert nach 5 min frei abrufen lassen; Zahlennachsprechen vorwärts (5 Items) und rückwärts (3 Items)	Frei im Internet oder bei Pharmafirmen verfügbar. Als initialer Kurztest geeignet. In andere Aufgaben integriert
Parkinson Neuropsychometric Dementia Assessment (PANDA; von Kalbe et al. 2007)	Normierung bis 59 und ab 60 Jahre	Vorlesen von 5 Wortpaaren und unmittelbar dreimaliger Abruf; zeitverzögerter Abruf; Zahlennachsprechen rückwärts bis zu 6 Items	Frei im Internet oder bei Pharmafirmen verfügbar. Als initialer Kurztest geeignet

Grundlagen der Übungen und Therapie

Gedächtnistherapie (u. a. Gauggel 2003; Maier et al. 2019; Finauer und Keller 2019; Winson et al. 2017; dt. Suchan & Thoma, in Vorb.), -übungen und -trainings bzw. Gehirnjoggings gibt es in multiplen Variationen. Oft werden mehr oder weniger einfache **Merkaufgaben** mit Einpräge- und Abrufphase durchgeführt werden. In Zeitschriften, Büchern und als Programm bzw. App können diese erworben werden oder auch kostenfrei genutzt werden. Das Gedächtnis ist aber kein Muskel, der nur trainiert werden muss (Finauer und Keller 2019). In der neuropsychologischen Therapie in Einzeltherapie, in Gruppen mit oder ohne Computer-Programme bzw. Apps werden hingegen gezielt Gedächtnisaspekte therapiert **(Strategieentwicklung).**

Die Therapie beruht auf **Neuroplastizität,** Vermittlung von **Informationen** und **Adaptation/Gestaltung** der Lern- bzw. Lebensumwelt. In der Literatur (u. a. Gauggel 2003) werden u. a. die Begriffe **kognitive Stimulation** und Therapie verwendet. Sie unterscheiden sich hinsichtlich der Spezifität und besitzen fließende Übergänge. Die Wirksamkeit der kognitiven Stimulation wird insbesondere bei gesunden Älteren untersucht (Resilienz, Prävention von Demenz etc.). Hierbei zeigen sich in der Regel signifikante Effekte, aber nur eingeschränkt Transfer in nichttrainierte Bereiche.

Es gibt therapeutische Verfahren, die der **Funktionsrestitution** dienen (Erholung der Systeme etc.). Wirkfaktor ist die **Repetition** (d. h. Wiederholung von Übungen) in ausreichender Intensität. Ziel ist die teilweise oder vollständige Reaktivierung von Netzwerken (Plastizität) die nicht zu schwer beeinträchtigt sein dürfen. Parallel gibt es die Anpassung von Übungen hinsichtlich der Schwierigkeit an die Leistungsgrenze (engl. shaping). Es werden weiterhin unspezifische Ansätze der Stimulation (Radiohören etc.), gezielte „Bottom-up-Ansätze" (d. h. übende Verfahren), konzeptorientierte „Top-down"-Ansätze (u. a. Aufmerksamkeitstherapie mit Strategie und Vermittlung von Hintergrundwissen, Berücksichtigung der Selbsteinschätzung der Betroffenen), eine Stimulation hemmender Prozesse (hierbei soll ein zweites neuronales System aktiviert werden) und eine Stimulation von Aufmerksamkeitskomponenten (ggf. Verbesserung der Aktivierung u. a. durch Medikamente) unterschieden.

Je kürzer der Zeitraum zum Beginn der Erkrankung bzw. zum Ereignis, desto effektiver sind übende Verfahren. Parallel beinhaltet die therapeutische Arbeit Aspekte der **Selbsteinschätzung** und **Selbsteffizienz** (Was hilft mir?). Nach einem längeren Zeitraum der Therapie oder zum Ereignis sind kompensatorische Verfahren primär indiziert. Die ambulante **neuropsychologische Therapie** ist seit 2012 Leistung der gesetzlichen Krankenkassen (Indikationsliste und Behandlerliste bei den jeweiligen Pychotherapeutenkammern) und darf bis zu 5 Jahre nach einem Ereignis starten (u. a. Luppen und Stavemann 2014). Späterer Therapiebeginn erfordert einen gesonderten Antrag mit ausführlicher Begründung.

Kompensation beinhaltet Hilfsmittel (d. h. **extern** u. a. auch Assistenzsysteme), neue Strategien (d. h. **intern**) aber auch eine vermehrte Anstrengung. Eine Strategie muss transparent, sinnvoll und einsichtig sein. Schwer betroffenen Patienten können wegen der Komplexität oft keine Strategien anwenden. Sie können nur Hilfen nutzen, wenn eine basale Einsicht und Belastbarkeit vorhanden sind. Auf der anderen Seite fehlt es leichter betroffenen Patienten insbesondere in einer frühen Krankheitsphase oft an Einsicht in die Notwendigkeit der Therapie.

Weiterhin existieren **integrierte Verfahren,** die klassisch psychotherapeutische Verfahren (Selbstinstruktion, Rollenspiele etc.) mit übenden Verfahren explizit verbinden. Für die Therapie von Lern- und Gedächtnisstörungen gilt, wie für alle anderen Ansätze, möglichst auch die SMART-Regel. SMART ist ein Akronym für spezifisch, messbar, akzeptiert, relevant und terminiert.

▶   Übungen und Therapie beruhen auf unterschiedlichen Prozessen und werden in der Praxis oft miteinander verknüpft.

9.1   Therapiesetting

Die Therapie beginnt in der **Akutphase** oder **Frührehabilitation.** Betroffene mit Weglauftendenz und schweren kognitiven Defiziten benötigen ein beschützendes Setting. Während des Akutaufenthaltes sind Fixierung und medikamentöse Therapie oft alternativlos.

Im Rahmen der Früh- und weiterführenden Rehabilitation stehen in Deutschland (u. a. in Hattingen und Pulsnitz) einige Spezialstationen für amnestische

Patienten zur Verfügung (Scholz und Niepel 2019). Sie bieten den Betroffenen den angemessen Schutz und spezialisierte multidisziplinäre Therapie. In einer eigenen Verlaufsuntersuchung in Hattingen zeigen sich bei 16 Patienten innerhalb von vier Wochen Verbesserungen der Teilhabe, Awareness, Mitarbeit, Kommunikation und Aufmerksamkeit, aber nicht im expliziten Gedächtnis (Hein 2017). Je nach Alter, Belastbarkeit, familiärer und finanzieller Situation werden für diese Gruppe die häusliche Reintegration, eine Wohngruppe für Menschen mit erworbenen Hirnschädigungen (u. a. in Bethel), eine Wohngruppe für Menschen mit Demenz, eine Langzeitrehabilitation (u. a. in Berlin) oder ein geschlossenes oder offenes Pflegeheim in die Planung integriert. Die Angehörigen benötigen langfristig Unterstützung (Beratung und konkrete Hilfen). Professionelle Helfer benötigen regelmäßig Fortbildung (Neuropsychologie, Deeskalation etc.) und oftmals regelmäßige Supervision. Leichter Betroffene werden stationär (Phase C und D nach BAR) und ggf. teilstationär und später ambulant weiterversorgt.

9.2 Therapie der Lern- und Gedächtnisstörung

Einen Überblick geben Hildebrandt (2019), Maier et al. (2019), Finauer und Keller (2019) und Winson et al. (2017; dt. Suchan & Thoma, in Vorb.). Eine möglichst verständnisvolle, akzeptierende und angstfreie **Atmosphäre** mit mittlerem Erregungsniveau ist für die Therapie optimal. Berücksichtigt werden Prinzipien der **Verstärkung** (Belohnung), der **Motivationsforschung** (Motive, Attribution etc.) und auch der Effekt des ersten und letzten Eindrucks. Beginnen Sie die Therapieeinheit mit einer freundlichen und persönlichen Begrüßung und beenden Sie möglichst eine Therapieeinheit mit einem Erfolgserlebnis und Lob.

Die **Therapieplanung** inkludiert die Bewertung der einzelnen testpsychologischen Ergebnisse (s. Checkliste 4) und aller anderen Bereiche (Alter, Prognose, Umweltfaktoren, personelle Ressourcen etc.). Bedeutsam ist die Unterscheidung von schweren, mittelgradigen und leichten Gedächtnisstörungen.

Checkliste 4: Parallel bestehende Störungen
- Aufmerksamkeitsdefizite (Ermüdung, Störung der Konzentration etc.)
- Exekutivstörungen (falsche Strategie etc.)
- Räumliche Störungen (räumliche Vernachlässigung)
- Persönlichkeitsveränderungen (mangelnde Anstrengung, Überschätzung etc.)
- Sprachstörungen (Lesen)

Vereinfachend gilt, dass bei leichten Gedächtnisstörungen übende Verfahren effizient sind. Sie verbessern die Aufmerksamkeit und die Belastbarkeit. Voraussetzung ist aber eine entsprechende Motivation und Einsicht der Betroffenen.

Anatomische Modelle (ggf. selber Aufmalen) und vereinfachte Fach-Informationen (Ratgeber) für Betroffene (**Psychoedukation**) unterstützen die Rückmeldung der Testergebnisse und die Therapieplanung (s. Ratgeber Neuropsychologie). Sie können in eine Informationsmappe für Betroffene integriert werden (**externe Hilfen/internale Strategien**).

Parallel werden mit dem Betroffenen (ggf. auch Angehörigen) Überlegungen zu **Prioritäten** im Alltag angestellt. Orientierung geben das ICF-Modell und die SMART-Regel. Integriert werden die Analyse der Problemsituation, das Entwickeln einer Strategie (**Infoblatt**), die Motivierung der Betroffenen und Einüben der Strategie.

Bei schweren und ggf. mittelgradigen Störungen sind je nach Dauer der bestehenden Defizite und Prognose unterschiedliche kompensatorische Maßnahmen sinnvoll. Eine kognitive Stimulationstherapie (Spiele, Aufmerksamkeitsaufgaben etc.) ist oft parallel sinnvoll.

9.3   Praktische Ansätze der Gedächtnistherapie

9.3.1   Übungen

Therapieprogramme und **Apps** beinhalten verbale und figurale Aufgaben.

Bespiele für Gedächtnisaufgaben in Programmen/Apps (Auswahl):

- Zahlennachsprechen
- Kettenrechnen
- Bilderreihenfolgen merken und nachlegen
- Positionen merken und nachlegen
- Neu-oder-nicht-neue Bilder identifizieren
- Lernen von Einkaufslisten

Weiterhin existieren analoge Papier-Bleistift-Aufgaben. Auf dem Markt befindet sich eine unüberschaubare Vielfalt von Aufgabensammlungen. Sie sind im Buchhandel und teilweise sogar im Supermarkt erhältlich. Unter dem Begriff Gedächtnistraining verbirgt sich in der Regel eine Sammlung kognitiver Übungen, die oft auch Wahrnehmungs-, Aufmerksamkeits- und Exekutivübungen beinhalten. Reines Auswendiglernen und Üben ohne Strategie führt zu Frustration (Finauer und Keller 2019).

Praxisbeispiel

Ein Patient nach einem Schädel-Hirn-Trauma trainierte ohne therapeutische Anleitung eine räumliche Gedächtnisaufgabe (aufblinkende Würfel) exzessiv und verbesserte sich sehr. Im Alltag zeigten sich aber keinerlei Verbesserung der Teilhabe und testpsychologisch keine Verbesserung des figuralen Lernens (DCS II).

Arbeitsgedächtnisübungen ergänzen das Repertoire. Verwendet wird oft das N-Back-Paradigma. Auf den vor N-Positionen erschienenen Reiz (Zahl, Buchstabe, Tier etc.) muss per Tastendruck reagiert werden. Der Schwierigkeitsgrad ist adaptierbar. Ein Transfer auf andere kognitive Bereiche („ferner Transfer" auf Lesenlernen, Intelligenz etc.) oder langfristige Effekte sind für verschiedene Altersgruppen unklar (Melby-Lervåg et al. 2016; Lidzba et al. 2019) sind aber als kognitive Stimulation gut anwendbar.

Analog zur **N-Back-Methode** stehen Papier-Bleistift-Aufgaben oder Spiele zur Verfügung (Müller et al. 2008) in denen beim Erscheinen eines kritischen Reizes (schwarze Kartenfarbe etc.) reagiert werden muss, der vor N-Positionen erschienen war. Bei den Papier-Bleistift-Aufgaben werden u. a. Rechenaufgaben verwendet, bei denen das Zwischenergebnis im Kopf gespeichert werden muss, um damit eine zweite Aufgabe zu lösen.

Beispiel:

$$5 \times 8 =$$
$$6 \times 9 =$$

Ziehen sie das erste Ergebnis vom zweiten Ergebnis ab, ohne die Zwischenergebnisse aufzuschreiben.

Die Komplexität der Übungen ist einfach veränderbar. In **Kartenspielen** kann das Arbeitsgedächtnis trainiert werden, indem Karten gelegt werden und immer dann geklopft werden muss, wenn die aktuelle Farbe oder das Symbol identisch mit der vorletzten Karte ist. Einfache Steigerungen der Komplexität sind möglich.

Eine weitere Übung des Arbeitsgedächtnisses ist das **Zählen oder Buchstabieren rückwärts** in zu variierenden Schritten (bspw. von 111 rückwärts in 4er Schritten) oder längerer Worte. Eine Steigerung der Komplexität erfolgt, indem mit dem jeweiligen Buchstaben noch eine weitere Operation durchgeführt werden muss (Anfangsbuchstabe einer Stadt etc.). Auch **parallele Aufgaben** trainieren das Arbeitsgedächtnis (Einprägen eines Textes und paralleles Unterstreichen von definierten Buchstaben). Subjektive Verbesserungen der Betroffenen oder testpsychologische Verbesserungen beruhen wahrscheinlich auf **verbesserten Aufmerksamkeitsprozessen** und **verbesserter Krankheitseinsicht.**

Lernen benötigt **Wiederholung.** Das alleinige laute Lesen oder Wiederholung ist alleinig nur wenig effektiv. Wichtig ist, die Informationen zu verknüpfen und multimodal abzuspeichern (Finauer und Keller 2019; Metzig und Schuster 2019). Die seit Jahrhunderten benutzte **Mnemotechnik** ist das Visualisieren mittels Loci-Methode. Hierbei werden zu erinnernde Elemente während eines mentalen Ganges durch einen sehr gut bekannten Ort dort abgelegt und dann entsprechend wieder erinnert. Diese Technik eignet sich für Gesunde und Betroffene mit leichten Störungen ohne weitere kognitive Defizite. Zum Einüben aller Techniken eignet sich ggf. ein adaptiertes **Selbstinstruktionstraining** (von extern zu intern).

Es ist sinnvoll, die **Bearbeitung von Texten** zu üben (Metzig und Schuster 2019; Finauer und Keller 2019). Ziel ist die Verbesserung der **Verarbeitungstiefe** durch Überlegungen zu Vorwissen, Fragen zu stellen, Aktives Lesen, Textwiederholen und Überprüfen. Anwendbar ist auch eine Art W-Fragen-Technik (Wer wird erwähnt? Wo ist es passiert? Was ist passiert? Welche Folgen hat es?).

Relativ einfach zu erlernen ist, als Technik das **laute Erzählen** von Lerninhalten einer anderen Person. Hierbei werden die Informationen internal strukturiert **(Verarbeitungstiefe)** und zusätzlich gehört **(multimodal).** Beim Erzählen wird deutlich, was noch unsicher repräsentiert ist. Ergänzt werden kann die Visualisierung der Lerninhalte **(bildhaftes Vorstellen,** Aufmalen etc.) Gut strukturierte Lerngruppen mit zwei oder mehr Personen sind sehr effektiv. Alternativ können Lerninhalte auf ein Smartphone diktiert und kontrolliert werden. Diese Technik eignet sich für Gesunde und Betroffene mit leichten Störungen und ohne begleitende Defizite.

Praxisbeispiel

Eine Jugendliche nach SHT und leichten Gedächtnisstörungen (VLMT) profitiert von dieser Vorgehensweise durch eine Verbesserung der Verarbeitungstiefe, Ergänzung durch Visualisierung und häufigen Rückmeldungen durch die Lerngruppe.

Im psychotherapeutischen Kontext (Luppen und Stavemann 2014) oder bei der Implementation von Hausaufgaben wird der Betroffene aufgefordert, dass was er verstanden hat oder erinnert zu **wiederholen** bzw. zu verbalisieren (**ggf. schriftliche Hausaufgaben und Zusammenfassungen**). Bei bestehenden Gedächtnisstörungen ist es umso wichtiger, das Vorgehen immer wieder transparent und explizit zu machen.

Der **Lernort** (u. a. Scholz und Niepel 2019) ist bei Menschen mit kognitiven Störungen bedeutsam. Ablenkung und Störungen (Interferenz) stören den Lernerfolg bei. Ist der Lernort mit negativen Emotionen verknüpft, so stellen sich diese immer wieder ein (klassische Konditionierung). Der Lernerfolg ist auch abhängig von der Stärke der Erregung. Der optimale Lernerfolg stellt sich bei mittlere Erregung ein. Zu starke Ruhe oder Angst wirken negativ.

Lern- und Therapiegruppen (Finauer und Keller 2019; Lidzba et al. 2019) motivieren (insbesondere auch Kinder und Jugendliche) und beinhalten Rückmeldung (Verbesserung der Selbsteinschätzung).

Material für und Inhalte von Gedächtnistherapie (u. a. Winson et al. 2017; Finauer und Keller 2019 inkl. Arbeitsmaterialien):

- Wie funktioniert das Gedächtnis (Anatomie, Prioritäten & Strategie)
- Namen merken (Assoziationen, Reime, Herkunft des Namens etc.)
- Strukturieren von Informationen (Oberbegriffe von zu kaufenden Produkten)
- Behalten auditiver Informationen (Vorstrukturierungen nach Bereichen)
- Texte lesen und behalten (Vorwissen, Fragen stellen, Aktives Lesen, Text Wiederholen, Überprüfen)
- Externe Gedächtnishilfen (Sammlung von Möglichkeiten)
- Bildhaftes Vorstellen (bspw. Baum)
- Geschichtentechnik (mit bildhaftem Vorstellen)
- Zahlen merken (Gruppieren, Tippmuster, Reime etc.)

Das Management von **Pausen** und **Lernphasen** ist relevant (Metzig und Schuster 2019). Betroffenen (u. a. Psychotherapie-Klienten) fehlt es oft an Wissen in diesem Bereich. Wichtig sind das Wissen über eigene Stärken und Schwächen und die Fähigkeit, die Komplexität von Aufgaben einzuschätzen.

Sehr kurze **Pausen** sind während des Lernens sinnvoll (Strecken, Zurücklehnen etc.). Nach ca. 20–30 min sollte eine erste kurze Pause erfolgen (maximal 5 min). Nach maximal zwei Stunden ist eine längere Pause von ca. 20 min sinnvoll. Bewegung führt zu Erholung. Nach spätestens vier Stunden ist eine noch längere Pause sinnvoll (1–2 h). Oft widerspricht diese Empfehlung dem bisherigen Lernalltag. Sinnvoll ist eine Annäherung an dieses Modell.

Die **Lern- und Therapiemotivation** ist entscheidend. Ausreichende Motivation und Verstärkung schafft eine mittlere Erregung und eine gute Basis. Betroffene führen ihren Erfolg oder Misserfolg auf unterschiedliche Ursachen zurück. Ein Analyse der Funktionalität der Stile (Was ist hilfreich?) ist für die Therapie bedeutsam (Kontrollierbarkeit, zeitlicher Stabilität und Internalität bzw. Externalität). Insbesondere Betroffene mit einer Misserfolgsvermeidung benötigen Beratung.

Therapierelevant wird, welche Faktoren kontrollierbar, d. h. veränder- oder beeinflussbar sind. Wissen kann ggf. erworben und die eigene Anstrengung modifiziert werden. Unterstützende Ressourcen (Hilfen durch Geräte, Personen etc.) sind ebenfalls Ansatzpunkte.

Das **Errorless-Learning-Konzept** impliziert, falsche Erinnerungen zu vermeiden und Hinweisreize zu nutzen. Das Konzept ist eine wichtige Grundlage für die Herangehensweise bei schwergradigen Gedächtnisstörungen.

Wiederholungen können zeitlich gestaffelt werden (Spaced Retrieval), indem zuerst nach 1 min, dann nach 2, 5, 10 etc. Minuten die Informationen wiederholt werden.

9.3.2 Kompensation und externale Hilfen

Es kann sinnvoll sein, **Aufgaben** an andere Personen zu **übertragen** (z. B. „Erinnere mich bitte oft daran!") und **Wiederholungen zu erbitten** (z. B. „Könnten Sie dies bitte nochmals wiederholen.") und **Bezugspersonen einzubeziehen.** (z. B. „Ich weiß, dass ich mir nicht alles merken kann. Deshalb konzentriere ich mich auf bestimmte Inhalte. Bitte hilf mir!").

Notizen und Zettel gehören zu den Alltagskompensationstechniken (s. Finauer und Keller 2019) und helfen, wenn sie nicht zu unstrukturiert verwendet werden (identischer Aufbewahrungsort etc.). Sie sind eher für Menschen mit leichten Defiziten geeignet.

Notizbücher, Gedächtnistagebücher und **Kalender** helfen, wenn die Notizen in eine Routine integriert werden (Kontrolle der Notizen und Umsetzung der zu erledigenden Tätigkeiten). Gerade Personen, die schon immer Terminkalender benutzt haben, profitieren von dieser Methode.

Elektronische Kalender (ggf. große Tastatur) bieten Vorteile gegenüber reinen Kalendern in Papierform. Sie sind moderne Notizzettel und beinhalten ergänzend eine Erinnerungsfunktion (Sondertermine und Routinen). Patienten mit leichten oder mittelgradigen Defiziten können Termine auch selber eintragen. Patienten mit schwergradigen Defiziten benötigen ausreichende Unterstützung beim Eintragen, beim Abrufen und vor allem Umsetzen der Termine. Optimalerweise kennen sich Therapeuten und Angehörige gut mit dem jeweiligen Programm aus.

Stimuluskontrolle beinhaltet das Lernen in ruhiger, reizarmer Umgebung. Betroffene müssen oft ihre Lernroutinen verändern (kein Lesen und Radiohören gleichzeitig etc.). Die gegenseitige **Hemmung/Störung** von Lerninhalten (Interferenz) sollte verhindert werden. Lerninhalte benötigen Zeit zur Abspeicherung und Konsolidierung (Beachten der Aufmerksamkeitsdefizite u. a. Daueraufmerksamkeit).

Routinen reduzieren die notwendige kognitive Kapazität bei der Erledigung von Aufgaben. Scheinbar helfen Routinen über Wochen und Monate auch Patienten mit schwergradigem amnestischen Syndrom. Sie ermöglichen das Zurechtkommen im Alltag.

Visuelle Vorstellungen (u. a. Finauer und Keller 2019) sind besonders effektiv. Visualisierungen können helfen, Inhalte der Therapie und Beratung besser abzuspeichern (Tafelbilder, Symbolisierungen, Kreative Zeichnungen etc.). Eine aufgemalte Schnecke kann eine bedächtige und entschleunigte Arbeitsweise symbolisieren. Ein Kleeblatt kann ein Symbol für eine zuversichtliche Kognition sein. Bei komplexen Inhalten können Schaubilder helfen, um komplexe Zusammenhänge zu vereinfachen. Ein **täglicher Fotokalender** (Smartphone) kann bei schweren Gedächtnisstörungen helfen, den individuellen Tag zu rekonstruieren (mit den Angehörigen) und gibt Sicherheit.

Die Rolle der **Angehörigen** und deren **Beratung** ist als bedeutsam einzuschätzen.

Rolle der Angehörigen
- Strukturgebung, emotionale Entlastung und Verständnis
- Internale und externale Strategien anleiten und unterstützen
- Sinnhaftigkeit der Maßnahmen erläutern

9.3.3 Therapie der schwergradigen Gedächtnisstörungen (u. a. bei Demenzen)

Trotz der imponierenden Gedächtnisstörungen stellen wir weiterhin darum den **individuellen Menschen** in den Mittelpunkt unserer therapeutischen Bemühungen.

In der Versorgung und Therapie der Menschen mit schweren Gedächtnisstörungen (incl. Demenz) geht es primär um die Erhaltung der Basisfunktionen im Alltag (Essen, Anziehen, Kommunizieren etc.). Bausteine sind eine pharmakologische Therapie, insbesondere eine angemessene Gestaltung der Umgebung, ein Kontinenztraining und eine ausreichende bzw. angepasste Ernährung. Oft sind nach fachärztlicher Diagnostik Antidementiva oder verhaltensmodulierende Medikamente (u. a. Neuroleptika) gerechtfertigt. Gerade für **pflegende Angehörige, das Pflegeteam** oder Therapeuten kann schon eine leichte Verbesserung der Problembereiche extrem relevant und bedeutsam sein. Die Therapie-

möglichkeit ist allgemein sehr begrenzt und die Therapieprogramme fokussieren
den Erhalt kognitiver und sonstiger Fähigkeiten (Biografiearbeit mit Validation,
Selbsterhaltung etc.).

**Gestaltung einer Therapieeinheit (u. a. Scholz und Niepel 2019; Völzke und
Stier 2018)**
In der Therapie arbeiten wir mit schwer wahrnehmungsgestörten Menschen.
Sowohl die Wahrnehmung der Außenwelt, als auch die der Innenwelt können im
Rahmen einer Demenz oder bei schweren Gedächtnisstörungen betroffen sein. Es
gilt, die vielfältigen Defizite auszugleichen. Betreuende und Angehörige gestalten
die Beziehung. Routinen helfen im Alltag und geben fehlende Struktur.

Hilfreiche Grundeinstellungen
Wir orientieren uns bei der Arbeit an den Grundbedürfnissen (u. a. nach
Kitwood 2008; Völzke und Stier 2018). Wir geben Trost mit Wärme, Zärtlich-
keit, Geborgenheit und das Gefühl der Sicherheit. Ohne primäre Bindung fällt
es jedem Menschen, unabhängig von seinem Alter schwer, gut zu funktionieren.
Das Bedürfnis nach primärer Sicherheit und Beschäftigung bleiben bestehen.
Ohne Beschäftigung beginnen, Fähigkeiten nachzulassen („Use it or loose it").
Menschen, insbesondere diejenigen mit Gedächtnisstörungen, haben das Bedürfnis nach Identität bzw. Lebensgeschichte. Wir geben sie ihnen in der Biografiearbeit (Lebensberichte etc.). Menschen mit schweren Gedächtnisdefiziten nehmen
Freundlichkeit, Höflichkeit und emotionale Tönungen trotz aller Defizite wahr
und behalten diesen Aspekt auch (implizites Lernen) häufig im Gedächtnis.

**Checkliste 5: Umgang mit Menschen mit schwergradigem amnestischen
Syndrom oder Demenz (verändert nach Völzke und Stier 2018)**
- Stellen Sie sich immer wieder neu vor und schaffen Sie Vertrauen durch
  einen Gesprächsbeginn mit einer anerkennenden oder wertschätzenden
  Mitteilung.
- Schaffen sie Aufmerksamkeit und knüpfen Sie an Vorerfahrungen an.
- Vermeiden Sie „Baby-Talk". Sprechen Sie deutlich in einfachen
  konkreten Sätzen und kommen Sie möglichst gleich auf den Punkt.
- Stellen Sie Fragen, die möglichst einfach mit Ja oder Nein beantwortet
  werden können.
- Verunsichern sie nicht durch häufiges Abfragen von Fakten, die
  doch nicht abrufbar sind. Es beschämt den Menschen mit massiven

kognitiven Defiziten und Demenz. Wieso, warum oder wann über-
fordern schnell.

- Körpersignale können Hinweise auf den Gefühlszustand geben. Gehen
  Sie ggf. auf die Gefühlsebene der Menschen mit Demenz ein („Sie
  fühlen sich ganz allein gelassen").
- Schmerz, Stress und Angst lösen impulsives Handeln oder Aggression
  aus.
- Die Sichtweise des Menschen mit Demenz ist für ihn gültig und richtig.
- Beziehen Sie die Aggressionen des Menschen mit Demenz nicht auf
  sich, auch wenn er die Aggressionen gegen Sie richtet.
- Belehrungen, Zurechtweisen und fruchtlose Diskussionen helfen nicht
  weiter.
- Berührung oder Festhalten kann als Reaktion auf Aggressivität und
  Gereiztheit unangemessen sein. Bleiben Sie selbst gelassen und klar.
  Gehen Sie gegebenenfalls auf Distanz. Zeigen Sie sich mit ihrer Seiten-
  ansicht (reduziert Bedrohung), statt den vollen Körperumfang. Holen
  Sie sich Hilfe.
- Lenken Sie ab anstatt zu konfrontieren. Bewahren Sie dabei Geduld und
  Gelassenheit.
- Geben Sie Anweisungen in einzelnen Schritten hintereinander und
  wiederholen Sie Anweisungen.

Beratung von Angehörigen

Bei Menschen mit schweren Gedächtnisstörungen geht es um Kompensation
(s. o.), um die Vermittlung von Sicherheit und um die angemessene Gestaltung
der Lebenssituation.

Übersicht

Übung: Vergegenwärtigen Sie sich bitte einmal die Bedürfnisse des
Betroffenen.

Eine explizite Erinnerung an Inhalte von Gesprächen fehlt. Die Sicherheit im Alltag geht verloren. Routinen werden zumindest unsicher. Selbst
die Verrichtung der Alltagsaufgaben wird schwierig. Ich wünsche mir
gleichzeitig Sicherheit, Zuwendung, Nähe. Jede Konfrontation mit Alltags-
angelegen und eventuell existentiellen Themen verunsichert mich zusätzlich
und gleichzeitig fehlen die kognitiven Ressourcen zur Bearbeitung.

Gemeinsame Termine mit Betroffenem und Partner stellen eine Option dar. Voraussetzung ist natürliche eine explizite Absprache mit dem Patienten/Klienten und ggf. auch eine schriftliche Vereinbarung dazu. Hausaufgaben oder sonstige Vereinbarung können ergänzend schriftlich fixiert werden.

Praxisbeispiel

Eine ältere Frau mit nachlassendem Gedächtnis nach Hydrozephalus beklagt immer wieder, dass sie zu ihrem Mann oft sehr ungerecht sei. Dieser korrigiert die Häufigkeit der Episoden und versichert seine Zuneigung und Verständnis.

In den meisten Familien oder Beziehungen gibt es **ungeklärte Themen** und **Altlasten** (Enttäuschungen, Gewalt etc.), die oft Kränkungen beinhalten. Menschen mit Gedächtnisstörungen sind in der Regel nicht in der Lage, diese „schwierigen Themen" zu besprechen. Es macht wenig Sinn, seine eigenen Bedürfnisse einfach durchsetzen zu wollen. Der Betroffene kann nicht aktiv mitwirken und benötigt eher Schutz.

Wichtig ist es unter anderem den Betroffen nicht ständig **zu testen.** Angehörige möchten immer wieder wissen, ob der Betroffene Episoden oder Fakten (wieder) abrufen kann. Hierbei wird der Betroffene immer wieder unter Druck gesetzt und zu Antworten gezwungen, ohne aber das notwendige Wissen zu besitzen. Folgen sind unter Umständen eine Art „Erfinden" von Informationen (im Sinne einer Konfabulation) und eine emotionale Belastung, die nicht selten zu Unruhe oder Aggressivität führen.

Sinnvoller ist es, dem Betroffenen ausreichende Informationen zu geben:

- Ich erwähne wiederholt den aktuellen Tag
- Ich berichte die Erlebnisse
- Ich nutze Altwissen (Biografiearbeit) und verbliebene Ressourcen

Zusammenfassung

10

Lern- und Gedächtnisstörungen beeinflussen den psychotherapeutischen Prozess in besonderer Weise. Abb. 10.1 fasst Konsequenzen zusammen.

© Springer Fachmedien Wiesbaden GmbH, ein Teil von Springer Nature 2020
V. Völzke, *Patienten mit Gedächtnisstörungen,* essentials,
https://doi.org/10.1007/978-3-658-29820-3_10

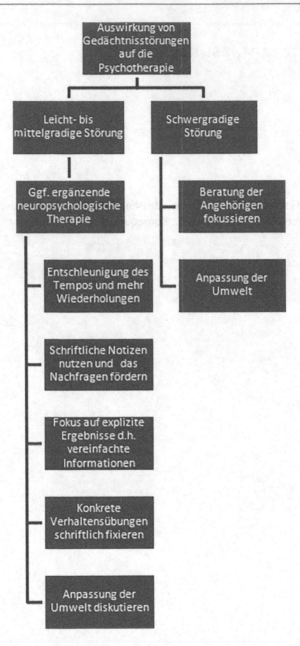

Abb. 10.1 Zusammenfassende Darstellung der Auswirkung von Lern- und Gedächtnisstörungen auf den psychotherapeutischen Prozess

Was Sie aus diesem *essential* mitnehmen können

- Klare Kriterien, welche Diagnostik- und Therapieoptionen existieren
- Fundierter Überblick, welche temporären und chronischen Ursachen von Gedächtnisstörungen es geben kann
- Verständliche Erläuterung, wie Kompensationsmaßnahmen bei schweren Gedächtnisstörungen aussehen können
- Hilfreiche Anregungen, worauf es bei der Beratung der Angehörigen ankommt
- Bewährte Hinweise, wo sie weiterführende Informationen finden

Literatur

Bäumler, G. (1974). *Lern- und Gedächtnistest III (LGT III)*. Göttingen: Hogrefe.

Beblo, T., & Lautenbacher, St. (2006). *Neuropsychologie der Depression*. Göttingen: Hogrefe.

Beckers, K., Behrends, U., & Canavan, A. (1992). *Der Rivermead Behavioral Memory Test (RBMT I)*. Bury St Edmunds: Thames Valley Test Company.

Calabrese, P., Kessler, J., & Kalbe, E. (2009). DemTect. In J. Pantel (Hrsg.), *Geistig fit in jedem Alter*. Weinheim: Beltz.

CERAD-Plus - Memory-Clinic (2020). https://www.memoryclinic.ch/de/main-navigation/neuropsychologen/cerad-plus/. Zugegriffen: 08. April 2020.

Exner, C., & Lincoln, T. (2012). *Neuropsychologie schizophrener Störungen*. Göttingen: Hogrefe.

Finauer, G., & Keller, I. (2019). Gedächtnistherapie. In G. Finauer (Hrsg.), *Therapiemanuale für die neuropsychologische Rehabilitation*. Berlin: Springer. https://doi.org/10.1007/978-3-662-57615-1_3.

Förstl, H. (2011). *Demenzen in Theorie und Praxis*. Berlin: Springer.

Folstein, M. F., Folstein, S. E., & McHugh, P. R. (1975). "Mini-Mental-State". A practical method for grading the cognitive state for clinician. *Journal of Psychiatric Research, 12*, 189–198.

Forstmeier, S., & Roth, T. (2018). *Kognitive Verhaltenstherapie für Patienten mit leichter Alzheimer-Demenz und ihre Angehörigen*. Berlin: Springer. https://doi.org/10.1007/978-3-662-54849-3_1.

Gauggel, S. (2003). Grundlagen und Empirie der Neuropsychologischen Therapie: Neuropsychotherapie oder Hirnjogging? *Zeitschrift für Neuropsychologie, 14*, 217–246.

Gauggel, S. (2018). *Störung der Krankheitseinsicht*. Göttingen: Hogrefe.

Hartje, W., Lux, S., Reich, C., & Nagel, C. (2012). *Verbaler Gedächtnistest (VGT). Bielefelder Kategorielle Wortlisten*. Göttingen: Hogrefe.

Hein, C. (2017). *Patientenstudie zu Veränderungen kognitiver und affektiver Parameter bei Patienten mit schwerem amnestischen Syndrom unterschiedlicher Ätiologie in der Rehabilitation Eine empirische Studie mit einer besonderen Patientengruppe*. Masterarbeit an der Fernuniversität Hagen.

Helmstaedter, C., Lendt, M., & Lux, S. (2001). *Verbaler Lern- und Merkfähigkeitstest (VLMT)*. Göttingen: Beltz.

© Springer Fachmedien Wiesbaden GmbH, ein Teil von Springer Nature 2020
V. Völzke, *Patienten mit Gedächtnisstörungen,* essentials,
https://doi.org/10.1007/978-3-658-29820-3

Hildebrandt, H. (2019). *Cognitive rehabilitation of memory*. London: Academic Press.

Kalbe, E., Riedel, O., Kohn, N., Dodel, R., Calabrese, P., & Kessler, J. (2007). Sensitivität und Spezifität des "Parkinson Neuropsychometric Dementia Assessment" (PANDA): Ergebnisse der GEPAD-Studie. *Aktuelle Neurologie, 34,* 140–146. https://doi.org/10.10 55/s-2006-951967.

Kitwood, T. (2008). *Demenz. Der person-zentrierte Ansatz im Umgang mit verwirrten Menschen*. Bern: Huber.

Lautenbacher, St, & Gauggel, S. (2010). *Neuropsychologie psychischer Störungen*. Berlin: Springer.

Lepach, A. C., & Petermann, F. (2008). *BASIC-MLT. Battery for Assessment in Children – Merk- und Lernfähigkeitstest für 6- bis 16-Jährige*. Göttingen: Hogrefe.

Lepach, A. C., & Petermann, F. (2012). *Wechsler Memory Scale (WMS-R IV)*. Göttingen: Hogrefe.

Lezak, M., Howieson, D., Bigler, E., & Tranel, D. (2012). *Neuropsychological Assessment* (5. Aufl.). Oxford: Oxford University Press.

Lidzba, K., Everts, R., & Reuner, G. (2019). *Neuropsychologie bei Kindern und Jugendlichen*. Göttingen: Hogrefe.

Lindeboom & Schmand. (2003). *Visueller Assoziationstest (VAT)*. Leiden: PITS.

Liepmann, D., et al. (2007). *Intelligenz Struktur Test (IST 2000-R)*. Göttingen: Hogrefe.

Lohaus, A., & Vierhaus, M. (2019). *Entwicklungspsychologie des Kindes- und Jugendalters für Bachelor*. Berlin: Springer. https://doi.org/10.1007/978-3-662-59192-5_9.

Luppen, A., & Stavemann, H. (2014). Der Neurologische Patient: KVT in der stationären und ambulanten Neuropsychologie. In H. Stavemann (Hrsg.), *KVT-Praxis. Strategien und Leitfäden für die integrative KVT*. Weinheim: Beltz.

Maier, M., Ballester, B. R., & Verschure, P. (2019). Principles of neurorehabilitation after stroke based on motor learning and brain plasticity mechanisms. *Frontiers in Systems Neuroscience, 13*. https://doi.org/10.3389/fnsys.2019.00074.

Melchers, P., & Melchers, M. (2015). *Kaufman Assessment Battery for Children (K-ABC II)*. *Person*. Circle Pines: American Guidance Service.

Melby-Lervåg, M., Redick, T. S., & Hulme, C. (2016). Working memory training does not improve performance on measures of intelligence or other measures of „Far Transfer": Evidence from a meta-analytic review. *Perspectives on psychological science: A journal of the Association for Psychological Science, 11*(4), 512–534. https://doi.org/10.1177/1745691616635612.

Metzig, W., & Schuster, M. (2019). *Lernen zu Lernen*. Berlin: Springer.

Meyers, J., & Meyers, K. (1996). *Rey complex figure and the recognition Trial. Professional manual. Supplemental norms for children and adolescents*. Odessa Fla.: Psychological Assessment Resources.

Müller, S. V., Hardt, S., & Klaue, U. (2008). *Dann mache ich mir einen Plan! – Therapiematerial zum planerischen Denken*. Dortmund: Verlag mordernes lernen.

Nasreddine, Z., Phillips, N., & Bedirian, V. (2005). The Montreal Cognitive Assessment, MoCA: A brief screening tool for mild cognitive impairment. *Journal of the American Geriatrics Society, 53,* 695–699.

Niemann, H., Sturm, W., Thöne-Otto, A. I. T., & Willmes, K. (2008). *California Lern- und Merkfähigkeitstest (CVLT)*. Göttingen: Hogrefe.

Oerter, R., & Montada, L. (2008). *Entwicklungspsychologie*. Weinheim: Beltz.

Oswald, D., & Fleischmann, U. (1999). *Nürnberger Altersinventar (NAI)*. Göttingen: Hogrefe.

Petermann, F. (2012). *Wechsler Intelligenztest für Erwachsenen (WAIS-IV)*. Göttingen: Hogrefe.

Petermann, F. (2015). *Wechsler Intelligence Scale for Children – Fifth Edition (WISC-V)*. Göttingen: Hogrefe.

Petermann, F., Jäncke, J., & Waldmann, H. (2016). *Neuropsychological Assessment Battery (NAB)*. Göttingen: Hogrefe.

Neuropsychologischer Ratgeber (2020). https://www.ratgeber-neuropsychologie.de/. Zugegriffen: 08. April 2020.

Reetz, K., & Costa, A. S. (2012). Montreal Cognitive Assessment (MOCA). *Dementia and Geriatric Cognitive Disorders*. https://doi.org/10.1159/000340006.

Thöne-Otto, A., & Markowitsch, H. J. (2004). *Gedächtnisstörungen nach Hirnschädigung*. Göttingen: Hogrefe.

Thöne-Otto, A., Schellhorn, A., & Wenz, C. (2018). *Persönlichkeits- und Verhaltensstörungen nach Hirnschädigungen*. Göttingen: Hogrefe.

Thoma, P. (2019). *Neuropsychologie der Schizophrenie. Eine Einführung für Psychotherapeutinnen und Psychotherapeuten*. Berlin: Springer.

Schellig, D. (1997). *Block-Tapping-Test*. Frankfurt a. M.: Swets Test Service.

Scheurich, A., & Brokate, B. (2009). *Neuropsychologie der Alkoholabhängigkeit*. Göttingen: Hogrefe.

Schloffer, H., Gabriel, I., & Prang, E. (2014). *23 Stundenkonzepte für Menschen mit Demenz*. Berlin: Springer.

Scholz, A., & Niepel, A. (2019). *Das CC©-Konzept*. Göttingen: Hogrefe.

Strauss, E., Sherman, E., & Spreen, O. (2006). *A compendium of neuropsychological tests* (3. Aufl.). Oxford: Oxford University Press.

Sturm, W., & Willmes, K. (1999). *Verbaler & Nonverbaler Lerntest (VLT und NVLT)*. Göttingen: Hogrefe.

Thoma, P. (2019). *Neuropsychologie der Schizophrenie*. Berlin: Springer.

Völzke, V., & Stier, D. (2018). Demenz. In M. Joebges & A. Hengelmolen-Greb (Hrsg.), *Leitfaden Physiotherapie in der Neurologie* (S. 289–295). München: Elsevier.

Völzke, V., & Stier, D. (2018). Kognitive Systeme. In M. Joebges & A. Hengelmolen-Greb (Hrsg.), *Leitfaden Physiotherapie in der Neurologie* (S. 152–177). München: Elsevier.

Weidlich, S., Derouiche, A., & Hartje, W. (2011). *Diagnosticum für Cerebralschädigung – II (DCS-II)*. Bern: Huber.

Werheid, K., & Thöne-Otto, A. (2014). *Alzheimer-Krankheit Ein neuropsychologisch-verhaltenstherapeutisches Manual*. Weinheim: Beltz.

Winson, R., Wilson, B., & Bateman, A. (2017). *The brain injury rehabilitation workbook*. New York: Guilford Press. (dt. Übersetzung Suchan, B. & Thoma, P. in Vorb.).

Printed in the United States
By Bookmasters

Printed in the United States
By Bookmasters